AF325868

LES

HOSTELAINS ET TAVERNIERS

DE NANCY

J. Renauld del.   Lith. Christophe et Cie à Nancy.

Un festin au XVe Siècle d'après un fragment de la tapisserie de
Charles-le-Téméraire conservée au Musée historique Lorrain à Nancy.

(Page 42)

LES
HOSTELAINS ET TAVERNIERS
DE NANCY

ESSAI SUR LES MŒURS ÉPULAIRES
DE LA LORRAINE

PAR JULES RENAULD

Vice-Président de la Société d'Archéologie lorraine,
Membre de l'Académie de Stanislas.

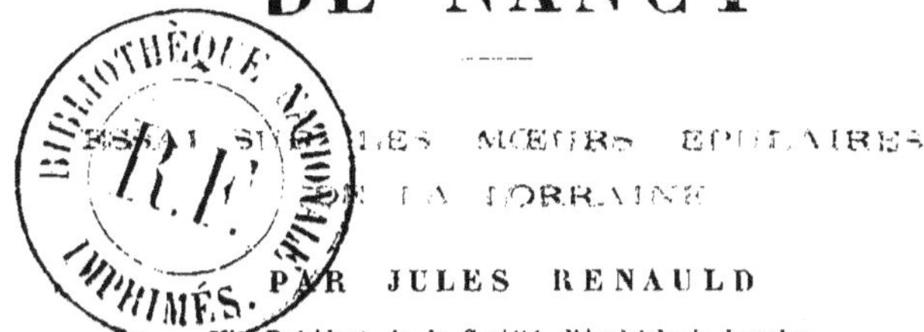

NANCY

Lucien WIENER. libraire-éditeur,
RUE DES DOMINICAINS, 53.
MDCCCLXXX

.... « Mais je ne suis qu'un de ces incorrigibles curieux qui préfèrent les petits mystères que beaucoup ignorent aux grandes choses que tout le monde sait.

Et si je m'avisais de mettre la cuisine au-dessus de la gloire, aurais-je bien tort? La fumée de celle-ci fait-elle plus d'heureux que la fumée de celle-là?

Quel est le plus vrai philosophe, celui qui goûte le spectacle de l'extermination des gens, ou celui qui prend plaisir à les voir bien dîner? ....

A côté de l'histoire grâve et solennelle, il y a l'histoire modeste, vulgaire, ignorée, l'histoire de tous les jours, l'histoire de la vie privée. »

Ch^{es} Gérard.
(L'ancienne Alsace à table.)

LES HOSTELAINS ET TAVERNIERS DE NANCY.

I

L'AUBERGE DE LA CHARTREUSE ET LES ANCIENNES HÔTELLERIES.

La place Saint-Georges. — L'hôtel en commandite et la vieille auberge. — La Maison des Chartreux. — La prise de possession par le feu et par l'eau — Valeur progressive de la propriété immobilière. — La Croix-Blanche. — Les enseignes dévotes, historiques, naïves et malicieuses. — Le Point-du-Jour. — La Licorne. — La poule qui boit. — Les Trois-Maures. — Le poisson d'avril. — Le pont Mougeart.

Les jours de marché et surtout le samedi, c'est par centaines que, sur la place Saint-Georges à Nancy, on peut compter les voitures serrées à la file, dans l'espace non consacré à la voie publique. Malgré les différences, un ordre parfait règne dans les rangs, l'humble charrette à deux roues[1] est sur la même ligne que le breack à res-

---

1. Désignée dans nos campagnes sous le nom expressif de *tape-cul*, à cause des secousses imprimées au voyageur par ce primitif et léger véhicule.

sorts, et la calèche est en sûreté au milieu des grands chars à échelles. Ce sont les honnêtes et laborieux habitants de la vallée de la Seille qui affluent ainsi, périodiquement, dans l'ancienne capitale de la Lorraine. Le rendez-vous général a lieu dans une hôtellerie, occupant un des côtés de la place et connue sous le nom d'*Auberge de la Chartreuse*. Cette maison, si bien achalandée, est souvent trop petite pour recevoir ses clients habituels, et cependant elle ne ressemble guère aux nouveaux hôtels des grandes villes, ces espèces de palais, où un gérant responsable et rarement visible exploite les voyageurs, pour le compte d'une société d'actionnaires. A la Chartreuse, on ne trouve ni salles à manger décorées avec luxe, ni domestiques, en tenue de notaire, cravate blanche et habit noir, parlant les langues étrangères. On entre dans une petite chambre où sont entassés, pêle-mêle, les paniers et les paquets, les fouets et les manteaux des voyageurs. De là chacun pénètre à son gré dans la cuisine, immense pièce enfumée, dont les murs sont couverts d'ustensiles de cuivre et de faïence.

C'est ici que règnent un mouvement et un bruit continuels : chacun va et vient, les voyageurs appellent, les servantes crient, les garçons jurent ; le feu pétille, la lèchefrite piaille et les bouteilles sanglottent. Puis tout à coup on entend un roulement semblable au bruit du tonnerre ; c'est l'ancienne diligence de Château-Salins qui, luttant contre le chemin de fer de Dieuze avec l'énergie du désespoir, arrive à son bureau établi dans une dépendance de la maison [1].

1. Depuis que ces lignes ont été écrites, le chemin de fer de Château-Salins, inauguré en 1873, a nécessité la suppression de la vieille

Au milieu de tout ce monde, le personnage principal
est l'hôtesse[1]. Malgré la maturité de l'âge et les exagéra-
tions d'une taille opulente, l'excellente personne déploie
une activité et une amabilité incomparables. Elle passe
et repasse, complimente les voyageurs, talonne les servantes, mouche les enfants, chasse les chiens, stimule le
chef et surveille un fourneau ; sourit à l'un et gronde
l'autre, accueille celui-ci et emballe celui-là ; elle rayonne
dans tous les sens ; c'est véritablement l'âme de la maison.

L'auberge de la Chartreuse a un passé, elle compte
plus de cent années d'existence. L'examen rapide de sa
mouvance nous révèlera un ancien usage aboli par le
code civil, et permettra d'apprécier la valeur progressive
de la propriété immobilière à Nancy.

La création de cette hôtellerie remonte à la première
partie du xviiie siècle. Nancy, à cette époque, n'avait
conservé de la magnifique enceinte élevée à grands frais
par Charles III, que les entrées principales de la ville
neuve. L'une d'elles, la porte Saint-Georges, avait été
respectée par les démolisseurs, mais ses abords étaient
encombrés par de misérables màsures bâties sur les
ruines à peine nivelées des fortifications.

Dans le but de multiplier les constructions nouvelles,
le duc Léopold se montrait facile pour les concessions de
terrain. Il avait notamment, par lettres patentes du 4 juin
1728, « cédé et abandonné par forme de don et conces-

diligence et diminué le nombre des voitures et l'animation de la place
Saint-Georges ; l'état des choses existait en 1869, tel qu'il vient
d'être décrit.

1. Mademoiselle Madeleine Girard, qui, avec son frère, exploite
l'hôtel comme locataire.

» sion aux Chartreux de Bosserville la totalité d'un terrain
» par eux demandé, pour en mettre partie en bâtiment
» et laisser le surplus vuide pour l'accès du manége [1] ».
Sur cet emplacement, situé à gauche de la porte Saint-
Georges, entre la rue Etroite et la rue Paille-Maille
(aujourd'hui rue des Jardins et rue du Manége, maison
Saladin), les révérends pères avaient élevé une maison
qu'ils abandonnèrent peu après à un comte d'Hunolstein.
Cette circonstance détermina le créateur de notre auberge à prendre pour enseigne *la Chartreuse*.

La place Saint-Georges était alors limitée au sud et à
gauche de la porte, par le manége en planches que Léopold avait fait construire pour l'école d'équitation de ses
cadets, baraque disloquée qui ne tardait pas à disparaître
pour faire place, en 1742, à l'hôtel Colnenne, tel qu'on
le voit encore aujourd'hui, entre cour et jardin[2].

Le ruisseau Saint-Thiébaut, sortant de l'étang Saint-
Jean, longeait à ciel découvert le côté nord de cette
place, se rendant ensuite dans la Meurthe, à travers le
jardin botanique et les tanneries.

Près de ce ruisseau, et sur la place même, étaient ins-
tallés les trois réservoirs et les pavillons d'un grand
lavoir public qui, en 1741, fut supprimé et transporté
sur l'emplacement des fossés, derrière le bâtiment de
l'auberge.

C'est aux termes d'un contrat du 25 septembre 1745,
que la ville céda à Jean-Joseph Richer, avocat à la cour,
et conseiller trésorier des deniers patrimoniaux d'octroi,

1. Trésor des Chartes, layette Bosserville, H. n° 762.

2. Nommé plus tard hôtel Raigecourt et appartenant aujourd'hui
à M. Victor Mathieu.

« deux petites chambres avec grenier au-dessus occupés
» par la veuve Dommartin près la porte Saint-Gerges,
» ensemble la baraque en planches construite par le
» nommé Saint-Paul, située à droite de cette porte avec
» le terrain derrière jusqu'au mur commencé pour sou-
» tenir le flanc de la voûte de la même porte ». Cette
cession était faite « à charge par ledit Richer de délivrer
par forme de charité, au nom de la ville à ladite veuve
Dommartin la somme de 310 livres, sinon 62 livres par
année la vie durante de ladite veuve et à son choix et 6
louis d'or faisant 186 livres au susdit Saint-Paul une fois
payée, pour tenir lieu à ce dernier d'indemnité de ladite
baraque. » L'acquéreur devait en outre coustruire une
chambre de quinze pieds de large, pour servir à perpétuité à l'officier de garde à la porte Saint-Georges, rétablir en chaux noire et sable de rivière les deux éperons
servant d'empâtement à la naissance de la voûte et monter un mur au pied de la terrasse du côté cédé, sans que
la ville ait à contribuer à ces constructions ; au moyen
de quoi il lui serait loisible de prendre des jours du côté
de ladite terrasse.

En 1753, la veuve et le tuteur des enfants mineurs de
l'avocat Richer vendirent la maison bâtie sur l'emplacement cédé, à François Poinot, aubergiste, et à Jeanne
Troyard, sa femme, moyennant le prix principal de
8,000 francs et 3 louis d'or neuf pour coiffe tant à la
veuve qu'aux demoiselles Richer mineures. Ce nouvel
acquéreur transforma la maison en auberge et adopta
l'enseigne de la Chartreuse, en souvenir du bâtiment que
les révérends pères de Bosserville avaient possédé dans
le voisinage.

Après la mort de François Poinot, Etienne Maillfert

devint propriétaire de l'auberge au prix de 12,200 francs,
et Pierre Hanaut, qui lui succéda en 1785, agrandit son
établissement, au moyen d'une autre parcelle de terrain
grevée d'un cens annuel de quarante-six livres dix sous
à payer à la ville.

Au titre de Pierre Hanaut est annexé un acte de prise
de possession qui rappelle un ancien usage aujourd'hui
abrogé.

Sous l'empire de la législation actuelle, l'obligation de
délivrer les immeubles s'opère, de la part du vendeur, par
la remise des clefs ou des titres de propriété (art. 1605
du code civil), mais autrefois l'acquéreur était mis en
possession d'une manière réelle et effective, ce qui était
constaté par un procès-verbal authentique ; ainsi on lit
dans les anciens titres de la Chartreuse : « Et le 28 mai
» 1785, Pierre Hanaut, désirant prendre possession de
» la maison, écurie et dépendances qu'il a acquises le
» 12 février précédent, nous a fait inviter de nous trans-
» porter au devant de *ladite maison où pend pour en-*
» *seigne la Chartreuse,* où étant et après nous être fait
» représenter les clefs de la principale porte d'entrée de
» la maison, nous les avons données au comparant, qui a
» ouvert et fermé ladite porte, ensuite étant entrés, accom-
» pagnés des témoins cy-après, dans une chambre au
» rez-de-chaussée et qui prend jour sur la place Saint-
» Georges, *nous nous sommes munis d'une torche de*
» *paille allumée que nous avons mise ès mains du*
» *comparant et avec laquelle il a fait feu et fumée*
» *en la chambre.* — Après lui avoir en outre fait obser-
» ver toutes les autres formalités d'usage et de cou-
» tume », notamment prendre de l'eau au puits ou à la
pompe de la maison « tant dans ladite chambre que dans

» l'écurie, nous lui avons déclaré que nous le mettions
» dans la vraie, réelle et actuelle possession de ladite
» maison. »

Cet acte était ordinairement dressé par le notaire qui
avait reçu le contrat de vente et la règle *res peril do-
mino* pesait sur le vendeur jusqu'à cette prise de possession effective.

Pendant la Révolution, la place Saint-Georges devint
la place de la Fédération, mais l'auberge conserva son
enseigne primitive. Les fils de Pierre Hanaut, au lieu de
succéder à leur père embrassèrent la carrière des armes.
Tous deux, Dominique et Claude les Hanaut, avaient
mérité l'étoile des braves et portaient l'épaulette, le premier au 9e chasseurs, et le second au 9e hussards, lorsque, par acte du 1er octobre 1811, ils vendirent, devant
Boulanger, notaire à Nancy, la maison paternelle dite
auberge de la Chartreuse, moyennant 19,000 fr., à Jean
Pichot et à Marie Valentin, sa femme.

C'est le petit-fils de ces derniers, Jean-Alphonse
Pierson, religieux de l'ordre des Frères prêcheurs, qui,
aux termes d'un procès-verbal dressé, Dagand, notaire
à Nancy, transmit à M. Victor Mathieu, agronome à la
Feuillée, près Vézelise, et moyennant le prix de 100,000
francs, le bâtiment construit par Jean Richer. Cet acte
porte la date du 5 novembre 1868.

Dans cette même année, on pouvait voir encore, à la
Ville-Vieille, une auberge bien plus ancienne que la Chartreuse, *la Croix-Blanche*, située rue des Dames. Sa porte
basse, surmontée d'un entablement à ogives, attestait une
très-ancienne origine. On lit en effet dans les comptes
du receveur du domaine pour l'année 1502 : « iiij livres
payées à l'oste de la Croix-Blanche de Nancy, pour

despens faits en son hostel, par M⁰ Sigismond Masson et son compagnon, en caresme, en faisant quelques épreuves de quelque science qu'ils disoient savoir, comme aussi pour adouber et asseurer les puits des salines séparant les eaux doulces des salées. » Ce vieux témoin du moyen âge était loin d'avoir prospéré comme la Chartreuse ; il se trouvait réduit, ainsi que l'indiquait son enseigne, aux modestes proportions d'un *bon logis à pied*. Mais comme il a disparu, en 1869, sous la pioche des démolisseurs, pour faire place au chœur de la nouvelle église Saint-Epvre [1], c'est l'auberge de la Chartreuse qui, seule aujourd'hui, perpétue la tradition de ces nombreuses hôtelleries que nos ducs et surtout Charles III, avaient réglementées et encouragées avec une sollicitude toute particulière.

Des tableaux, des sculptures, des enseignes pittoresques annonçaient aux voyageurs le gîte qui s'offrait à eux. Le *Journal de la Société d'Archéologie* contient une esquisse vivement tracée de quelques auberges du vieux Nancy [2]. A la nomenclature dressée par M. Léon Mougenot, on peut ajouter les indications de l'abbé Lionnois et les mentions consignées par M. Lepage dans le recueil de nos archives municipales, on trouvera alors toute une série de dévotes enseignes, attestant la foi de nos pères, comme l'Ange, les Trois-Rois [3], Saint-Martin,

1. Il est à remarquer que *la Croix-Blanche* a été achetée le 19 frimaire an III, par le citoyen Nicolas-Charles-Georges Guilbert, père du fécond dramaturge. Depuis quelques années elle avait cessé d'appartenir à la famille de Pixerécourt.

2. *Journal de la Société d'Archéologie*, année 1863, page 79, mémoire de M. Léon Mougenot.

3. En 1572, l'hoste des Trois-Rois était un Claude Callot, grand'-père du célèbre chalcographe. (*Recherches sur la vie de J. Callot*, par E. Meaume.)

Saint-Hubert, le grand et le petit Saint-Nicolas, le grand
Credo et l'hoste Saint-Georges dans le faubourg de
ce nom.

L'espée royale, l'escu de France, le vieil portenseigne
faisaient sans doute allusion à quelques faits historiques.
Le chardon était emprunté aux armes de la ville, et
l'hoste du Chapeau-Rouge, ouvert en 1670, dans la rue
Saint-Michel, rappelait aux soldats de l'armée d'occupation le souvenir du ministre de Louis XIII :

Ce qui abondait surtout, c'étaient des vocables pleins
de naïveté et parfois de malice : le Petit-Escu, le Pilier-
Vert, l'Arbre-d'Or, la Pipe-d'Argent, le Sauvage, la
Charrue et la Hache qui a donné son nom à l'une de
nos rues les plus populeuses ; puis venaient le Cygne, le
Renard, le Lion-Noir et le Cheval-Blanc, l'Ours et la
Corne-de-Bœuf, les Deux-Écharpes, les Trois-Pigeons,
les Quatre-Assiettes, enfin l'Aventure, le Conseil-des-
Femmes et le Bouc-du-Monde.

Il ne faut pas oublier ces auberges en vogue, auxquelles
des mentions spéciales ont été consacrées par l'auteur
de l'Histoire de Nancy.

C'était d'abord, dans la rue du Point-du Jour, l'hoste
de la ville de la Rochelle, dont les caves, suivant le P.
Benoit Picart (vie de saint Gérard), recelaient les restes
du château bâti par le duc Simon en 1030. A cet hôtel
avait succédé celui du Point-du-Jour, dont la porte
cochère avait vue sur la place Saint-Epvre, et dont l'enseigne, non dépourvue d'originalité, subsistait encore
vers la seconde partie du xviiie siècle. Lionnois en donne
ainsi la description : « Sur une pierre d'environ dix-huit
pouces en quarré, engagée dans la muraille, deux anges,
en bas-relief, soutenaient un écu représentant une roue

autour de laquelle trois lions, deux en flanc et un en pointe, paraissoient vouloir grimper ; placé au-dessus, un aigle laissoit apercevoir des rayons qui sortoient de ses plumes, avec cette inscription : *Au poinct du jour*[1] ».

Dans plusieurs villes, les aubergistes adoptèrent, pour enseigne, une licorne, c'est-à-dire un cheval se cabrant et portant au front une corne longue et aiguë. Ce choix est dû, moins au pittoresque de l'indication qu'à la vertu mystérieuse attribuée à cet animal par la superstition du moyen âge. Les boissons et les mets mis en contact avec une licorne ou un fragment de sa corne étaient garantis purs de tous maléfices ou empoisonnements[2]. Aussi dès les temps les plus reculés, Nancy avait sa maison de la licorne. Cette hôtellerie, originairement établie sur l'emplacement des Cordeliers, transportée ensuite au faubourg Saint-Dizier, fut construite en dernier lieu sur la place du premier marché de la Ville-Neuve, appelée *place de la Licorne*[3].

Au faubourg des Trois-Maisons, le cabaret de *la Poule qui boit* était, en 1725, le rendez-vous habituel des seigneurs de la cour de Léopold « pour leurs repas de corps et de recréation[4]. » Ce bâtiment était l'une des

1. Lionnois, *Essais sur la ville de Nancy*, p. 352.

2. Voir ci-après, chap. IV, cérémonial des grands couverts, la vertu mystérieuse de la licorne, page 64.

3. Cette place s'étendait entre la rue des Carmes et la rue Saint-Dizier, sur l'espace occupé dans la suite par le couvent des Carmes.

4. Lionnois, t. I, p. 463. Le cabaret d'une des rues principales de Saint-Nicolas-de-Port a conservé l'enseigne de la *Poule qui boit*. Dans la même ville on voyait également, il y a quelques années, sur la maison contiguë au pont, une immense enseigne de la licorne, remplacée aujourd'hui par l'auberge du Faisan, sur le quai.

trois maisons qui, donnant leur nom à ce quartier, subsistèrent hors des portes de la ville, malgré les prescriptions de Charles IV. Ce dernier, prévoyant que le Roi de France viendrait assiéger Nancy, avait ordonné, le 15 août 1632, de « ruiner *rez de pied et rez de terre* toutes les constructions élevées proche des portes et murailles de la ville et ce à peine de confiscation, dans les quinze jours de la signification du commandement fait par le marquis de Mouy, gouverneur de la cité. »

Vers le milieu de ce même faubourg on peut voir encore aujourd'hui une vieille auberge à l'enseigne du Mouton, nom de son propriétaire actuel. Une galerie de bois et des arcades croulantes la distinguent des habitations voisines. Ce modeste établissement, fréquenté par de rares buveurs et par quelques charretiers, les jours de marché, est tout ce qui reste du bruyant lieu de réunion des cadets et des pages de la cour au commencement du siècle dernier.

C'est également sous le règne de Léopold que fut construite la vaste hôtellerie des *Trois-Maures*[1], rue Saint-Nicolas, non loin du Pont-Mougeart. La recherche de la table et les soins du service attirèrent pendant longtemps les étrangers de distinction dans cette maison, où on était toujours sûr de rencontrer bonne compagnie[2].

---

1. Ce sont les rois mages, Gaspar, Melchior et Balthazar. Ils patronnent encore les premiers hôtels de la Suisse et notamment le plus grand hôtel de Bâle.

2. En 1789, l'auberge des Trois-Maures soutenait encore l'éclat de sa renommée quasi séculaire ; c'est là qu'était descendu l'abbé Grégoire, curé d'Emberménil, pour y recevoir l'adhésion et les doléances du clergé lorrain. (L'abbé Grégoire par M. Maggiolo, Mémoires de l'Académie de Stanislas, t. V, 1872, p. XLIV.)

Le carré des Trois-Maures avait été, au commencement de son installation, le théâtre d'un événement tragique que nous rappellerons ici, parce que sa cause est due à un poisson d'avril, c'est-à-dire à un de nos usages essentiellement locaux.

Donner un poisson d'avril, dit l'abbé Tuet, dans ses *proverbes français*, page 81, c'est faire faire à quelqu'un une démarche inutile pour avoir occasion de se moquer de lui. D'après cet écrivain, l'origine de cette plaisanterie remonte à l'époque où Louis XIII faisait garder à vue Nicolas-François et sa jeune épouse Claude de Lorraine, dans les murs du Palais ducal à Nancy. Le prisonnier trouva moyen de tromper ses gardes et de se sauver le premier jour d'avril 1634, en traversant la Meurthe à la nage ; ce qui fit dire aux Lorrains que *c'était un poisson qu'on avait donné à garder aux Français*[1]. On n'est pas parfaitement d'accord sur le mode d'évasion du jeune prince, et il est probable que la locution du *poisson d'avril* remonte à une époque beaucoup plus ancienne. Suivant l'auteur du grand dictionnaire imprimé à Nancy en 1760 et connu sous le nom de dictionnaire de Furetières, le mot poisson a été, par corruption, substitué à celui de *passion*, faisant une allusion inconvenante à la *passion de Jésus-Christ*, arrivée le 3 avril, où les Juifs envoyèrent le *Sauveur* d'un tribunal à un autre, et lui *firent faire diverses courses inutiles* par manière d'insulte et de dérision[2].

1. *Les matinées sénonaises ou proverbes français* suivis de leur origine, par l'abbé Tuet. Paris, 1789, in-8°.

2. Un de nos archéologues lorrains, M. Beaulieu, assigne au *Poisson d'Avril* l'origine suivante : Les Romains se faisaient mutuellement des présents au premier jour de l'année. Tant qu'elle com-

Quoi qu'il en soit, les Lorrains sont restés fidèles à la pratique du *poisson d'avril*, et voici quelle fut au quartier des *Trois-Maures* l'issue déplorable d'une de ces facéties.

Un jeune gentilhomme, arrivé depuis peu à l'hôtel des Pages de Léopold, fut chargé d'aller chercher de l'huile de cotret, par un des anciens, qui prétendait avoir le droit d'imposer ses commissions aux nouveaux venus, en ajoutant qu'on trouvait cette huile près du Pont-Mougeart. Le crédule cadet se rend aux Trois-Maures, un bourgeois lui répond que cette huile se vend chez un apothicaire du voisinage. Ce dernier apprend au jeune homme qu'il est l'objet d'une mystification, car, par, *huile de cotret*, on désigne à Nancy des coups de bâton. Transporté de fureur, l'officier revient aux Trois-Maures et abordant celui qui l'avait renvoyé à l'apothicaire, il lui plonge son épée au travers du corps et l'étend mort sur le pavé. Le meurtrier prit la fuite et fut condamné par contumace « à avoir la tête tranchée, comme gentilhomme ». Pendant dix-neuf ans, il resta éloigné du pays, mais un jour il s'aventura dans les rues de Nancy. Arrêté et conduit en prison, il fut exécuté à neuf heures du soir en place de Grève, nonobstant les supplications de sa famille près de la duchesse douairière Charlotte-Elisabeth d'Orléans.

Malgré cette double et terrible leçon, le Pont-Mougeart,

mença au 1er avril, on s'en fit ce jour-là de réels ; mais lorsqu'elle data du 1er janvier, les étrennes furent reportées à cette époque, et l'on ne se fit plus en avril que des cadeaux simulés appelés *poissons*, parce qu'ils échappent aux mains de ceux qui croient les tenir. (Archéologie de la Lorraine, t. I, p. 262.)

voisin de l'hôtel des Trois-Maures, fut longtemps le prétexte d'un poisson d'avril donné aux visiteurs étrangers.

Un savetier, du nom de Claudin Durand, dit Mengeard
ou Mougeard, avait établi son échoppe au devant de sa
maison sise à l'angle des rues Saint-Georges et du Pont-
Mouja. C'est de ce point que le ruisseau du moulin Saint-
Thiébaut coulait à découvert, jusqu'à l'auberge de la
Chartreuse. Les eaux, grossies en temps d'orage, débor-
daient et entravaient la circulation. Survenait le savetier
qui posait alors une planche sur le torrent et percevait
une petite pièce de monnaie de tous les passants.
Charles III, après avoir fait paver cette rue, fit construire en cet endroit un pont de pierre orné d'une statue
de Neptune.

Le nouveau pont prit le nom du savetier et fut signalé,
par plaisanterie, comme une des merveilles de la ville.
Les étrangers à qui on recommandait d'aller l'admirer,
revenaient sans avoir rien trouvé de remarquable. On
leur répondait, dans ce cas, qu'ils n'avaient pas observé
que c'était un pont tournant. S'ils y retournaient, ils
étaient alors convaincus qu'on avait voulu se jouer
d'eux [1].

1. Lionnois, t. II, p. 468.

LE BROC, LA NAPPE ET LES FRANCS-VINS.

—

Les hostelains et taverniers. — L'*huis coupé* et *le pot renversé.* — Un diplôme de cabaretier. — Le code de la nappe. — Le règlement des écots. — La *mangeaille* à prix fixe. — Fréquentation du cabaret interdite aux gens de la résidence. — La table d'hôte à six gros. — Le cœur des élus. — Le gibier prohibé. — Les vins de marché et les affaires du négoce. — *Quid valeat Stomachus.* — L'auberge de La Rochelle et le cabaret du Chapeau rouge. — Les francs-vins. — Les *buvettes* de Vézelise. — La chaleur des enchères sous la Restauration. — Les marchands de grains au café de la Comédie.

Les gens qui se livraient au commerce de la boisson et des aliments préparés se divisaient en quatre classes distinctes : 1° les hôteliers, appelés aussi « hostes, hostelains » et plus tard aubergistes, recevaient les voyageurs et logeaient chevaux et voitures. Ils étaient tenus d'avoir enseigne pendante. — 2° Les « vendant-vin » débitaient du vin en détail sans tenir taverne ; on ne pouvait boire chez eux le vin acheté. Il y avait, dans la fenêtre de l'ouvroir ou boutique, une ouverture par laquelle l'acheteur passait son pot vide, qu'on lui rendait plein ; c'est ce qu'au xviiie siècle encore, on appelait vendre à « huis coupé et pot renversé ». — 3° Les cabaretiers donnaient à boire chez eux, avec nappe et assiette, c'est-à-dire qu'on pouvait en même temps y manger. — 4° Enfin, les taverniers vendaient du vin à consommer sur place, mais sans pouvoir fournir ni pain ni chair.

Avant la fondation de la ville neuve, Nancy comptait, en 1585, seize hôteliers. Ce nombre s'accrut rapidement avec le développement de la cité ; il n'y avait pas moins de trente-sept hostelains et taverniers et de trente-huit cabaretiers en 1598, et ils atteignaient le chiffre total de quatre-vingt-dix en l'année 1603[1].

Comparés aux autres corps d'états, les hostelains et taverniers étaient, comme on le voit, fort nombreux. C'est qu'aussi nul ne pouvait à son gré coudre un soulier ou pétrir une miche pour le public, sans avoir subi les exigences de la maîtrise ; car ce n'est qu'en 1779, c'est-à-dire bien peu de temps avant la suppression des jurandes, que les aubergistes de Nancy s'organisèrent en corporation. Il suffisait auparavant, pour ouvrir une auberge, de faire preuve de « prudhommie et loyaulté », et il n'était pas difficile d'acquérir le droit de « tenir et exhiber la faciende et charge d'hôtellier », d'autant plus que la permission créait en même temps un revenu pour le trésor ducal, et que, suivant le bon Lionnois (t. II, p. 100) : « le but du prince était d'attirer dans ses Etats les étrangers qui, traités à bon marché, y venaient avec plaisir dépenser leur argent et enrichir ses sujets. »

---

1. *Archives de Nancy*, par M. H. Lepage, t. I, p. 110, et t. II, p. 307. — *Histoire de Nancy*, par l'abbé Lionnois, t. I, p. 68.

Tels étaient les termes d'une de ces lettres patentes qu'en l'année 1603, le prince délivrait, signées de sa propre main, à chaque hôtelier en exercice.

« Charles, par la grâce de Dieu, duc Calabre, Lor--raine, Bar, Gueldres, etc. Sçavoir faisons que, pour le bon rapport et relation que faict nous a esté des preu--d'homie et loyaulté de Didier Hobois, avons à icelui et à Ysabelle, sa femme, ou le survivant de l'un d'eux, permis et permectons par cestes de pouvoir tenir et exercer la faciende, charge et exercice d'hostellier audict Nancy, à charge et condition expresse de se conformer aux règlements de noz édictz et ordonnances et de nous payer, ès mains de nostre receveur dudict Nancy, annuel--lement et à chacun terme de Saint-Remy, la somme de vingt livres, monnoie de nostre pays, pendant tout le temps qu'ils tiendront ledict estat de cabaretier, et en passeront lettres de promesse ès mains de noz recep--veur et contrerolleur en ladicte ville, tant la vieille que la neufve, afin d'en charger son contrerolle, et en ce faisant, et pour plus grande asseurance de ceste nostre permission, luy avons permis et permectons d'appendre tableau au de--vant de son logis sous l'enseigne des deux écharpes et au bas y mettre et escrire ces mots : *Par permission de Son Altesse.* Sy donnons en mandement à noz très--chers et féaux les bailly dudict Nancy, président et gens des Comptes de Lorraine, etc. »[1]

Les ordonnances concernant toutes personnes faisant *estat de mettre la nappe* sont fort nombreuses ; elles

---

1. Archives de la Meurthe, Trésor des Chartes, compte du rece--veur de Nancy pour l'année 1603. B, 7337.

constituent un code spécial, un véritable *corpus juris*. Guillaume de Rogéville, dans son *Dictionnaire historique des ordonnances de Lorraine,* en signale vingt et une, depuis l'ordonnance de Christine de Danemarck, en 1560, jusqu'à l'arrêt de la Cour souveraine du 4 janvier 1769 ; encore le savant conseiller a-t-il omis plusieurs édits, et des plus curieux.

Les mesures prescrites semblent bien souvent en contradiction avec les théories des économistes modernes sur la liberté et la prospérité du commerce, mais toujours elles révèlent la sollicitude du prince pour ses sujets, ses efforts pour maintenir le bon ordre dans la cité, détruire les abus et empécher l'élévation du prix des denrées alimentaires.

La plus ancienne de ces ordonnances remonte à René II. Datée du 12 juin 1497, elle s'applique à la police générale de la ville de Nancy et contient, relativement aux hôtelleries, les dispositions suivantes :

« Item touchant les hostes, sy ceux qui auront repu en leurs maisons ne sont contentz de la somme en quoy on les vouldra accorder pour leur escot et ilz requièrent d'avoir déclaration des piéces qu'ilz ont eues, ledict hoste sera tenu les leur faire, sur peine de l'amende, et s'ilz ne se pouvoient accorder et ilz viennent devant les commis de ville ou l'un d'eulx, il les appointera ainsy qu'il cognoistra estre de raison, en eulx réglant au prix des vivres.

» Au regard des chevaux desdicts hostes, ne se prendront pour le présent de la disnée du cheval à un foural d'avoyne et pour le foing et paille que douze deniers, et pour la soupée et nuictée à deux mesures foing et paille,

5 blancs, qui est pour journée entiére 2 gros ; et y aura au bichet d'avoyne 9 fouraulx et non plus, qui sera marqué ; et si l'on prend du surcroy on payera pour chacun foural 4 deniers. Les hostes qui en prendront plus avant eschéront en l'amende de 10 solz à appliquer 4 au prévost et 6 aux commis [1].

» Item, ledit seigneur Roy donne puissance aux susdits quatre commis de monter et avaller (rabaisser) le taux de tous lesdicts vivres et despens des hostelleries, selon l'abondance que les vivres se vendront.

» Item touchant le vin, que nul, soit hoste ou aultre n'en vendra qu'il ne le face crier à cry public ; aussy ne se pourront affecter les vins que on vendra, les brouiller ne y mettre d'aultres moindres vins de Bourgogne, d'Aulsay, ne aultre estrange qu'il ne soit tauxé et mis à prix par lesdits commis et crié comme dessus. »

Le dernier de mars 1547, les régents du duché, Christine de Danemarck et Nicolas de Lorraine, comte de Vaudémont, ajoutèrent à l'ordonnance de René, en fixant le prix de l'écot des voyageurs : « Les hôtelliers et taverniers seront tenus, à la requête de leurs hostes, leur compter par pièce et au ject, tant la mangeaille que le vin qu'ils auront dépensé, savoir : la grosse chair, pour la cuisson d'icelle, 5 deniers la livre, le chapon rôti ou bouilli bien accoutré, t sols 6 deniers, la poule aussi rôtie ou bouillie, 5 sous ; poulets rôtis ou bouillis, 16 deniers, et les pigeons, 10 deniers. Et quant aux aultres volailles, gibier

---

1. Quatre bourgeois commis par le prince pour exercer la police à Nancy, concurremment avec le prévôt et connus sous le nom *des quatre de ville.*

et venaison, ceux qui en voudront avoir en appointeront avec l'hoste raisonnablement *par le derois* par ensemble[1]. »

Trois autres ordonnances de la même régente, en date des 21 août 1560, 22 août 1565 et 6 mars suivant, interdisent formellement aux gens de la ville la fréquentation des hôtelleries et cabarets à peine de 50 francs d'amende pour la première fois et de 60 francs avec emprisonnement pour la seconde. Les baillis et prévôts devaient, en même temps, établir des garde-cabarets pour l'exécution de ces mesures.

Charles III ne rendit pas moins de huit édits successifs sur les mêmes matières. L'usage de la table d'hôte se répandit au commencement de son règne, et il dut modifier les taxes de ses prédécesseurs. Les voyageurs à pied devaient payer leur dîner 6 gros et leur souper avec coucher 9 gros. Le prix était de 9 et 15 gros pour le voyageur à cheval. Des inspecteurs, appelés « les deux esleuz », parce qu'ils étaient désignés par l'élection, devaient exercer une surveillance continuelle sur l'application du tarif, la qualité du vin et des mets. Ils devaient aussi intervenir toutes les fois que les étrangers se croiraient « trop grevés du taxe et prix qui leur seroit faict par les hostes et cabaretiers, pour avoir vescu, comme l'on dict, à table d'hoste ou commune ». Et, pour stimuler le zèle de ces préposés, le duc avait ajouté dans son ordonnance : « Item et pour donner cœur auxdits esleuz et affin qu'ils aient toujours meilleure volonté et intention de faire leur debvoir, leur avons assigné pour leurs peines, salaires et vacations desdictes visitations et mar-

----

1. Lionnois, t. II, pages 54 et 94.

nages, quatre deniers de chacune queue et virlin (pièces de vin) qu'ilz marqueront ». Ils devaient en effet goûter, jauger et taxer avec une marque particulière le vin des hôteliers et de tous ceux qui en débitaient. (Ordonnances des 26 août 1570 et 30 janvier 1573[1].)

Pour expliquer l'ordonnance promulguée vingt années plus tard, il faut rappeler que la chasse ne s'affermait pas comme la pêche ; c'était un droit personnel dont les ducs se montrèrent toujours extrêmement jaloux ; c'était le plus interdit de tous aux roturiers. Un seigneur, ayant droit de haute et basse justice, ne pouvait permettre de chasser sur ses terres, tant le principe était absolu, et l'exécution de l'ordonnance était assurée par des peines sévères infligées à ceux qui contrevenaient aux règlements.

Le 4 février 1596, Charles III défendit aux hôteliers et cabaretiers de servir du gibier à leurs hôtes à peine de cent écus sols pour la première fois, et pour la seconde d'amende arbitrée plus grièvement s'il échet. Il était toutefois permis aux « gentilshommes étrangers et aultres personnes respectables de porter du gibier dans leurs auberges si bon leur semble ». La même ordonnance ajoutait que, trois fois l'année, aux fêtes de Pâques, de la Saint-Jean et de la Saint-Martin, les vivres seraient taxés par les gens de justice, et que les aubergistes en placeraient le tarif dans le lieu le plus apparent de leurs maisons, pour être vu des hôtes, à peine de 50 francs pour la première fois, de 100 fr. et de 150 fr. pour la seconde et la troisième, et d'amende arbitraire pour la quatrième.

1. Rogéville, *Dictionnaire des Ordonnances*, t. I, p. 115, H. Lepage, *Archives de Nancy*, t. III, p. 188.

En 1599, une contribution annuelle de 10 fr. est imposée à « toutes personnes faisant état de mettre la nappe »; contribution portée, en 1603, à 20 fr., comme on l'a vu précédemment, et, tout en réitérant à ses sujets la défense de fréquenter les cabarets de leur résidence, Charles III, par cette même ordonnance du 24 décembre 1599, leur permit d'aller y boire les vins de leurs marchés et adjudications, d'y faire des noces (sic) et d'y tenir les assemblées et repas des compagnies et confréries; mais, en même temps, les convives étaient prévenus que ceux qui se présenteraient ivres dans les rues subiraient vingt-quatre heures de prison et paieraient 60 sous d'amende.

Le 22 janvier 1611, Henry II confirma l'interdiction édictée par Christine de Danemarck sur la fréquentation des hôtelleries et cabarets, mais ce fut pour l'honneur du principe et en quelque sorte comme un hommage rendu à la mémoire de ses ancêtres, car une déclaration du 6 avril suivant exceptait de cette mesure les gentilshommes, les seigneurs et leurs domestiques, les receveurs du domaine et autres officiers comptables allant boire les vins de marché et adjudications, enfin les bourgeois et habitants de la ville, pourvu que ce fût pour traiter des affaires de leur négoce et qu'ils y fussent appelés par des gens de leur condition. L'institution des *esleuz* fut abrogée, et il n'y eut plus de *regard* sur le vin taxé uniformément à 3 gros (45 centimes) le pot (3 litres).

Sous l'influence de ces restrictions élastiques, les choses allèrent bon train; le jeu venant en aide aux affaires du négoce, les auberges et cabarets ne désemplissaient plus. Il fallut, bon gré mal gré, mettre un frein à cet

essor, et le prince défendit aux cabaretiers de permettre
aucun jeu ou brelan dans leurs maisons sous peine arbitraire ; il déclara nul tout engagement contracté pour
dépenses de bouche, enfin, voulant, dans sa sollicitude,
appliquer à ses sujets le principe *quid valeat stomachus, quid ferre recuset,* l'excellent duc interdit de
livrer à chacun « des vivres au-delà de ce qu'une personne peut raisonnablement consommer dans les vingt-
quatre heures », le tout sous peine de 50 fr. d'amende ;
et comme, paraît-il, les prévôts et archers se montraient
trop faciles à l'égard de certains buveurs, l'ordonnance
se termine par cette disposition : « et en cas de recelé de
quelques-uns desdits taverniers, hostelains ou cabaretiers, ou dissimulation faite par nos prévôts, mayeurs ou
autres officiers, ils seront eux-mêmes mulctés du double
de ladite finance, qu'ils paieront pour ceux qu'ils auront
ainsi recelés et sans qu'ils puissent prétendre aucun
recours contre eux » [1].

Charles IV, pendant son règne aventureux, n'eut point
à s'occuper des tavernes et des hôtelleries ; la peste et la
famine s'étaient chargées du soin d'arrêter les excès de
table et de cabaret. Nancy était devenu une vaste soli-
tude, l'herbe croissait dans les rues de cette ville naguère
si florissante, et, durant l'occupation française, un ordre
de son gouverneur, La Ferté-Senneterre, en date du 27
mai 1644, enjoignit aux propriétaires des maisons ruinées
et non habitées des deux villes de faire murer les portes
et les fenêtres, et, au cas où il ne se trouverait pas de

---

1. Ordonnance du 4 décembre 1612. Dictionnaire de Rogéville,
t. I, page 119.

propriétaires, les ouvertures devaient être maçonnées aux frais de l'administration municipale[1]. De toutes les hôtelleries des heureux jours, il ne restait guère que deux maisons ayant des enseignes que l'on pouvait croire avoir été arborées en l'honneur du cardinal de Richelieu : l'auberge de La Rochelle, rue du Point-du-Jour, et le cabaret du Chapeau-Rouge, rue Saint-Michel, étaient le rendez-vous habituel des officiers et des soldats français.

Léopold remit en vigueur les ordonnances de ses prédécesseurs ; il y ajouta, en prescrivant, le 8 mai 1717, à tous les aubergistes d'envoyer chaque soir, au premier magistrat de la ville, des billets contenant les noms et qualités des étrangers arrivés et logés chez eux.

Après la mort de Stanislas, la Chambre de ville, sur les représentations du lieutenant général de police, arrêta la rédaction d'un code de police, qui fut homologué le 4 janvier suivant par arrêt de la Cour souveraine de Lorraine et Barrois.

Le chapitre X de cette ordonnance concerne exclusivement les « aubergistes, cabaretiers, taverniers, caffetiers et maîtres de billards ».

Dans les quinze articles de ce titre on remarque notamment les dispositions suivantes :

1° Interdiction absolue pour les bourgeois d'héberger et recevoir des étrangers ou habitants de la ville, s'ils n'ont enseignes pendantes au-devant de leur maison, et ce à peine de 100 francs d'amende.

1. *Archives de Nancy,* par M. H. Lepage, t. I, p. 339.

2° Défense de donner à boire et à manger pendant les heures du service divin, à moins qu'il s'agisse d'étrangers traversant la ville.

3° Les hôteliers et cabaretiers ne pouvaient se présenter aux marchés avant dix heures du matin en été et onze heures en hiver, à peine de 50 fr. d'amende.

4° Défense également de faire aucun crédit aux mineurs, soldats et bas-officiers, et de ne rien accorder aux journaliers au-delà de la somme de 50 sols, etc.

Ces dispositions restèrent en vigueur jusqu'à la Restauration. Elles furent remplacées par un arrêté municipal du 14 mai 1817[1], et les hôtels, auberges et cafés, affranchis d'une partie des anciennes prescriptions, sont actuellement régis à Nancy par un règlement du 20 janvier 1861, approuvé par l'autorité préfectorale le 26 septembre suivant.

L'analyse qui précède révèle, entre autres particularités, un point qui doit être remarqué, c'est l'autorisation accordée par Charles III à ses sujets d'aller boire au cabaret les vins de leurs marchés, ou de s'y rendre pour traiter d'affaires de leur négoce, alors que la fréquentation de ces établissements était absolument interdite aux bourgeois de la résidence. Cette disposition nous rappelle un usage qui existait, de temps immémorial, en Lorraine, et dont la trace se retrouve encore dans la vente en détail des immeubles ruraux, et surtout dans le commerce des grains.

---

1. A la suite de cet arrêté se trouve le règlement concernant la police du théâtre, dans lequel on lit, à l'art. X : Le spectacle commencera à cinq heures précises et finira à huit heures et demie au plus tard.

Une vente ou une convention quelconque était cimen-
tée par l'échange d'un verre de vin ; les contractants se
témoignaient ainsi leur confiance réciproque et surtout
c'était, entre gens ne pouvant écrire leur marché, la
manifestation de l'accord et du consentement mutuel.
Cet usage était si général que les officiers du prince,
les receveurs et les gruyers eux-mêmes avaient coutume
de boire officiellement avec les adjudicataires des coupes
ou des droits donnés à ferme. C'est ainsi qu'en 1611,
Henry II autorisait ses officiers à liquider au cabaret les
vins de leurs adjudications.

Avec le progrès des mœurs, la libation offerte par
l'acquéreur à l'officier du domaine parut une chose cho-
quante et contraire aux bienséances, d'autant plus qu'une
partie de ces fonctionnaires étaient, sous le règne de
Léopold, ou des gentilshommes ou des anoblis ; c'est
alors qu'intervint, à la date du 12 septembre 1699, une
ordonnance qui supprima les francs-vins[1] en nature et

1. Comme dans *port franc*, le mot *franc-vin* exprime l'affranchissement, pour le vendeur, de l'obligation de fournir du vin en
nature au moyen d'un droit évalué en argent. Les francs-vins figurent
dans les ordonnances de nos ducs et dans le *Dictionnaire de Rogéville*, mais on ne les rencontre pas dans l'ancienne législation française. Il est néanmoins fait mention de *vins de marché* dans les
coutumes de Vitry et de Chaumont. Loysel, Dumoulin et Carondas
les mentionnent dans leurs commentaires et décident que ces vins ne
font pas partie intégrante du prix. Ce qui est rappelé surtout dans
les anciens répertoires de jurisprudence française, c'est un *vin de
messager*, ou somme allouée à celui qui gagne son procès avec dépens, lorsqu'il réside hors du lieu où siége la juridiction devant
laquelle il a été obligé de plaider. Cette allocation était ainsi nommée
parce que, avant l'établissement des postes, c'était la dépense du
messager ou commissionnaire envoyé sur les lieux, à l'effet de charger un procureur ou de remettre à un avocat les pièces concernant

les remplaça, sous la même dénomination, par un droit en argent, payable par l'adjudicataire en sus de son prix, et applicable au receveur-rédacteur de la convention. Ces francs-vins, fixés d'abord à 3 deniers, furent ensuite portés à 6 deniers par livre du prix de tous les baux, ventes de bois, grains et autres denrées. D'autres ordonnances, des 19 juillet 1706, 26 janvier 1718 et 11 juin 1719, changèrent successivement le mode de perception et de partage des francs-vins qui, en 1730, cessèrent d'appartenir aux officiers du domaine et furent remplacés, pour eux, par un traitement fixe annuel[1]. Néanmoins, dans les transactions privées, le vin continua à figurer comme un accessoire indispensable, et les choses dégénérèrent en abus, au point de nécessiter l'intervention de la justice, à l'occasion de difficultés survenues dans une vente effectuée à Vézelise. Un arrêt réglementaire de la Cour souveraine de Lorraine, en date du 8 mai 1726, défendit à toutes personnes qui voudraient vendre des immeubles en détail, « de faire à l'avenir aucune *buvette*, à peine de nullité des ventes et de 25 francs d'amende[2] ».

Cette mesure vigoureuse n'avait pu détruire un usage profondément enraciné dans les mœurs lorraines ; près d'un

l'instruction d'un procès. Dans l'ancien tarif de 1778, ce droit s'élevait à 60 livres par chaque instance. (Ferrière, *Dictionnaire de droit et de pratique ;* Guyot, *Répertoire universel de jurisprudence,* 1785, verbo-vins.) C'est le droit de correspondance de 10 francs du tarif actuel. (Art. 145 du décret du 16 février 1807.)

1. *Dictionnaire de Rogéville*, t. I, p. 542. — *Recueil des ordonnances de Lorraine,* t. I, p. 199 et 516 ; t. II, p. 156, 164 et 266, etc.

2. *Recueil des ordonnances de Lorraine,* t. III, p. 156.

siècle après l'arrêt de 1726, les libations se produisaient,
à l'occasion des ventes en détail de nos contrées, dans
des proportions déplorables et dépassant de beaucoup
les scandales des *buvettes* de Vézelise. Un domaine était-
il à vendre? à l'instant survenaient d'audacieux *faiseurs :*
captant la confiance du vendeur, ils s'engagaient à faire
porter le prix de l'adjudication à un chiffre déterminé,
moyennant l'abandon à leur profit des francs-vins, soit
5 °/₀ payables par les acquéreurs, en sus du principal de
leur prix. Le rôle des francs-vins était interverti : au lieu
de cimenter une vente faite, ils servaient à l'*amorcer*.
En effet, le spéculateur, armé des pouvoirs du vendeur,
répandait, dans la commune de la situation des biens et
dans les environs, une circulaire donnant la description
détaillée des parcelles à vendre et annonçant qu'un repas
serait servi avant l'adjudication, dans la salle même où le
notaire devait procéder. L'adjudication avait lieu alors
inter pocula, et la chaleur des enchères devait s'en res-
sentir.

Le paysan lorrain, d'ordinaire si madré dans ses trocs,
quand il est de sang-froid, se laissait toujours prendre
au trébuchet; l'adjudication atteignait des chiffres im-
possibles, et le spéculateur, en encaissant les francs-vins,
réalisait un large bénéfice[1].

Le ministre de la justice se préoccupa de ces abus.
Dans une dépêche qu'il adressait, le 17 mai 1821, au pro-

---

1. Pendant longtemps, certains enfants d'Israël eurent le monopole
de ces sortes d'opérations, qui furent, pour p'usieurs, la source d'une
grande fortune. Quelques-uns parmi eux se livraient en même temps
au trafic des chevaux de rebut et des bêtes à cornes, ainsi qu'aux
remplacements militaires; le public les signalait sous la dénomination
de *maquignons* et de *marchands de chair humaine*.

cureur général près la Cour de Nancy, on lit le passage
suivant :

« D'avides spéculateurs, ligués pour exciter la concurrence, transformant la salle des enchères en tavernes,
y font porter du vin qu'ils mettent à la disposition des
survenants. Cette boisson, distribuée et prise sans aucune
mesure, échauffant les têtes, l'exaltation se communique,
la plupart des enchérisseurs, entraînés par l'esprit de
vanité, poussent des mises et contractent des engage-
ments au-dessus de la valeur des choses et de leurs facultés. »

Il invitait ensuite le procureur général à prendre des
mesures pour interdire aux notaires du ressort de procéder à aucune vente de ce genre.

Conformément à ces instructions de Portalis alors
garde des sceaux, le procureur général de Nancy menaça
les notaires coupables, de suspension, pour la première
contravention, et de destitution pour la seconde. (Circulaire du 22 mai 1821) [1].

Aujourd'hui, ces ingénieux procédés sont hors d'usage ;
ils n'existent plus qu'à l'état légendaire ; les ventes d'immeubles ruraux se font uniformément dans une des salles de la maison commune, et si, parfois encore, l'acquéreur doit payer, sous la dénomination de *francs-vins*, un
supplément de prix de 5 pour 100, ce droit, librement
consenti, est attribué par le vendeur au notaire même
comme rémunération de la recette des prix de vente en
détail.

[1]. Voir aussi sur le même sujet une circulaire de la Chambre des
notaires de Nancy, rappelant les abus signalés, transcrite dans une
monographie de M. Noël, intitulée *Recherches historiques sur le
notariat*. Nancy, 1831.

On ne peut pas en dire autant pour les ventes de grains. L'article 19 du règlement municipal porte que « le marché aux grains a lieu tous les samedis à Nancy et que l'ouverture de la halle est fixée à 9 heures du matin en été et 10 heures en hiver », mais, en réalité, c'est le même jour, d'une à trois heures de l'après-midi, que, dans les salles du café de la Comédie, sur la place Stanislas, se tient périodiquement la bourse des marchands de grains, et où se concluent les affaires les plus importantes en céréales. Au milieu des nuages produits par la fumée du tabac, des groupes bruyants et animés sont attablés autour des verres de bière ou des bols de vin chaud, et c'est dans cet établissement que, conformément à l'autorisation de Henri II, les descendants de ses sujets, perpétuant les anciennes traditions, se réunissent invariablement « appelés par les gens de leur condition et pour y traiter des affaires de leur négoce ».

III

LA TABLE DES PRINCES.

—

La cuisine des Gaulois. — Un banquet funèbre. — La *souppe en moustarde* et la souppe de chènevis. — La condamnacion de Banquet. — Les fètes de la Carrière. — *La Joyeuse Emprise* de René d'Anjou. — Un menu de Taillevent. — *Le Xélaftrinque et les Pafferlings de Sarrebourg.* — Ragoûts patriotiques des Nanceïens. — Madame la duchesse à Laxou. — Le baptesme de Nicolas-Monsieur. — Une réception de grand seigneur au xvie siècle.

La cuisine des Gaulois était tout-à-fait primitive et différait peu des festins décrits dans l'Iliade[1]. Elle se composait de lambeaux de viandes rôties sur des charbons, d'herbes grossièrement hachées et bouillies, et de boulettes formées de farines de différents grains[2]. Toute-

1. Voir notamment le repas offert par Patrocle à Ulysse dans la tente d'Achille. — *Iliade,* chant IX, v. 202.

2. *Dictionnaire historique des mœurs et coutumes de la France,* par Chéruel, t. II, p. 876.

fois, nous ne saurions dire au juste quel était le mode des préparations alimentaires des premiers Lorrains. Si l'on interroge les chroniques, les vieilles coutumes, les anciens comptes des receveurs, on ne trouve que des indications vagues, des énumérations de viandes et de poissons donnant une idée incomplète du degré de perfection de l'art culinaire.

Nous essaierons cependant de présenter un aperçu rapide des solennités épulaires célébrées, dans nos contrées, ou par nos ducs de Lorraine, aux xve et xvie siècles.

Un des plus anciens documents sur cette matière remonte à l'année 1404, c'est une sorte de menu des repas donnés par le duc de Bar Robert, fils d'Yolande, à l'occasion des funérailles de son épouse, Marie de France, fille du roi Jean, dit le Bon.

Or comme les choses se passent en temps de carême : les viandes, la volaille et le gibier n'apparaissent pas sur la table ducale, qui se couvre d'ailleurs de toutes les espèces de poissons connues alors.

On lit en tête de cette pièce : « C'est l'ordonnance pour l'obsèque de feu Madame la dchesse, faite le vij[e] jour de janvier l'an mil cccc et trois (1404, l'année commençant alors à Pâques), par Monseigneur le Duc et son conseil au lieu de Bar, auquel estoient le sire de Beffroimont, Messire Amé de Saarbruche, le sire d'Arentières, Maistre Reynault de Gondrecourt et Gerart de Sommières. »

Le prince met en réquisition tous les poissons du duché ; il lui faut trois mille carpes, à prendre dans les étangs de Morainval et de Sauville, et il commande aux gruyers du Bassigny et de Saint-Mihiel de lui livrer « iij m. (3,000) grainces (?) assez plus que ne vouldra ».

Viennent ensuite « les anguilles, les brames, les perches, loches et satoull... selon ce que trouver et avoir on pourra ». Il fera acheter « des lamproies, harens blans et sors, pour ij c frans (200 fr.) », puis des « morues sallées, saulmons sallez d'Ecosse, graspois, baulaine et marsuyn[1] pour xxx frans ».

Cette monstrueuse accumulation de victuailles donne à penser que le nombre des convives était considérable et que leur séjour devait se prolonger un certain temps. Parmi les invités se trouvent : « Monseigneur le duc Robert, Monseigneur le cardinal (Louis de Bar, qui régna après son frère Edouard III et céda le Barrois à René d'Anjou) Monseigneur le marquis (Edouard III, alors marquis de Pont-à-Mousson), fils à Monseigneur, Madame des Mons (Marie de Bar, fille de Robert, épouse

---

1. L'ordonnance de Robert prouve que nos pères ont mangé de la baleine et du marsouin (*maris suus*, cochon de mer). Champier dit que la langue de baleine se vendait par tranches dans les marchés publics et que sa chair s'accommodait avec des pois, ou se servait rôtie à la broche (*de re cibaria* par Bruyerin-Champier, neveu de Symphorien-Champier, médecin du duc Antoine). Quant au grapois, ou craspois, il en est souvent parlé dans les auteurs du moyen-âge. Un procès relatif à sept étaux, dont cinq à *sèches* et deux à *craspois*, que le roi possédait aux halles de Paris, nous apprend que le craspois n'y venait qu'en carême ; c'était le *lard de carême*. Pendant cette époque d'abstinence, quarante mille personnes vivaient de craspois, de sèches et de harengs. Bélon (*histoire naturelle des Poissons*, par P. Bélon, Paris, 1551), ne nomme pas le *craspois*, mais il dit en parlant de la baleine : « Ce poisson est couvert de cuir noir, dur et espez, sous lequel il y a du *lard* environ l'espesseur d'un grand pied, *qui est ce que l'on vend en quaresme* ». On mangea donc la chair de baleine, en carême, jusqu'à la fin du xvie siècle ; néanmoins l'auteur du *Trésor de santé* reconnaît que cette salaison, quoique cuite pendant vingt-quatre heures, était toujours *fort dure et indigestible*. (*Le Thrésor de santé* ou le *Mesnage de la vie humaine*, Lyon, 1607, in-8°).

d'Adolphe IX, duc de Berg) ; et leurs gens vinrent à Bar
le dimanche second jour de mars l'an m. iiij c et trois ;
et le jeudi xiijᵉ jour dudit mois fut fait l'obsèque de feu
ma très redoubtée dame Madame la Duchesse, cui Dieu
pardoint, ouquel obsèque furent Monseigneur de Bour-
gongne (Philippe le Hardi), Monseigneur de Nevers,
Monseigneur de Réthel, le comte de Richemont, l'archevêque de Reims, l'évêque de Châlons, l'évêque de Toul,
Ferry de Lorraine (Ferry Iᵉʳ, comte de Vaudémont, frère
de Charles II), xxxij abbés et plusieurs principaux preb-
tres, chevaliers, escuyers et autres ».

Tous ces personnages avaient une suite nombreuse ;
et on lit dans le même document : pour la nappe, cent
aunes de toile à vj fr., et pour le service de la cuisine
« xxxvij — xijⁿᵉˢ (37 douzaines) de plas et lxiij — xijⁿᵉˢ
(63 douzaines) d'escuelles d'estain. »

L'ordonnance se termine par la liste des vins et confitures, de la vaisselle et des *espices de cuisine* dont voici
le curieux détail :

Gingembre	vjˣˣ l. (120 livres).
Canelle fine	xxx l. (30 livres).
Girofle	xij l.
Graines	xxx l.
Noix muguettes (muscades)	x l.
Garingal ?	iij l.
Safran	iij l.
Folenin	j. c l. (100 livres).

Ce document[1], par l'abondance et la bizarrerie des
épices, constate qu'à cette époque, en Lorraine comme
en France, les cuisiniers ou *sauciers* mettaient leur

1. *Archives du département de la Meurthe,* Trésor des Char
tes, layette Bar, Chambre des Comptes III, n° 66.

honneur à déguiser les mets à l'aide d'assaisonnements qui, aujourd'hui, ne peuvent paraitre que bien étranges. Froissart, en parlant d'un festin de la fin du xive siècle, dit : « Il y avoit grand planté (abondance) de mets et entremets, si estranges et si déguisés , qu'on ne pouvoit les distinguer [1] ».

On sait, en effet, que le *Ménagier de Paris*, composé par un bourgeois de cette ville vers 1593 [2], vante beaucoup la *souppe en moustarde*, et que la *souppe de chènevis* eut un certain succès, ainsi nommées toutes deux parce que, dans le nombre des ingrédients dont elles étaient composées figuraient de la moutarde et du chènevis : « Prenez de l'uille en quoy vous avez poché vos œufs , du vin, de l'eau , et tout boulir en une paelle de fer ; puis prenez les crousles du pàin et les mettez harler sur le gril , puis en faites souppes quarrées , et mettez boulir, puis retraiez votre souppe , et mettez en un plat ressuier : et dedans le bouillon mettez de la moustarde et faites boulir. Puis mettez vos souppes par escuelles et versez votre bouillon dessus. »

La seconde soupe était préparée avec de la moëlle , du chènevis , des amandes pilées avec un peu de bouillon. Après avoir passé ce coulis à l'étamine, on le faisait cuire et l'on y ajoutait du sucre, du gingembre, du safran, des « espices doulces » et de l'eau de rose [3] ; c'est l'enfance du plumb-pudding.

1. *Chronique de France et d'Angleterre* de 1326 à 1400 , par Jean Froissart, 4 vol. in-f°. Paris, 1498.

2. *Le Ménagier de Paris* , manuscrit de la fin du xive siècle, publié par la Société des bibliophiles français. Paris, 1847, 2 vol. in-8°.

3. *Le Viandier pour appareiller toutes manières de viandes* , par Taillevent , queulx du Roi notre sire , in-4° goth de 38 ff. vers 1480, réimprimé en in-8° sous le nom de *livre de Taillevent*.

Quant à la tenue de la table et l'aspect de la salle des festins, on peut s'en faire une idée, sans sortir du Musée lorrain :

Un glorieux trophée de notre histoire nationale, la tente de Charles-le-Téméraire, représente un de ces repas splendides donnés au xve siècle chez les princes et les grands seigneurs[1].

La place du *surtout* est occupée sur la table par un vaisseau rempli d'oiseaux, voguant sur une mer où les poissons abondent. A chaque extrémité de la table, un paon déborde le tapis de tout l'étalage de sa magnifique queue. Entr'autres plats on distingue une hure de sanglier tatouée. L'éclairage consiste en quatre cierges colorés, semblables, dit l'abbé Lionnois (*Histoire de Nancy*), « aux chandelles des Rois qui sont encore en usage en Lorraine parmi la populace et les gens de la campagne ». A droite, un groupe de musiciens ; au fond, vers le milieu, trois joueurs de flûte, et plus à gauche, un dressoir chargé de vaisselle élégante et riche.

L'ensemble des sept pans de tapisseries qui composaient la tente du duc de Bourgogne offre une histoire dont le fond allégorique a pour but d'exposer les inconvénients de la bonne chère, histoire qui, suivant Achille Jubinal et Villeneuve-Bargemont[2], aurait inspiré à un

---

1. Le deuxième pan de la tapisserie inventoriée sous le n° 1271 du catalogue de 1869, et dont la conservation, pendant l'incendie de 1871, est due en grande partie au dévouement d'un de nos confrères, M. Albert Cuny, architecte (rapport de M. Vaugeois, Académie de Stanislas, t. de 1872, p. xlii). — M. de Sansonnetti a publié les dessins de cette tapisserie en 1843, grand in-f° imprimé à Nancy, ayant pour titre : *Tente de Charles-le-Téméraire.*

2. *Les anciennes tapisseries historiées*, grand in-f° avec planches coloriées par A. Jubinal. — *Les tapisseries de Charles-le-Téméraire*, petite brochure par Villeneuve-Bargemont.

poëte du xve siècle, Nicole de la Chesnaye, le sujet d'une moralité intitulée *Condamnacion de Banquet, à la louange de Diepte et de Sobriété*[1].

Le langage prêté par le poëte à l'amphitryon constitue en quelque sorte la carte du repas dont nous venons de décrire l'appareil : Souper, qui régale, presse, en ces termes, Bonne-Compagnie de faire honneur aux mets servis :

> Madame, mangez s'il vous plaît
> Et si tastez de tous nos vins :
> J'en ay du plus friandelet
> Qui soit point d'icy à Provins.
> Sus ! ho ! serviteurs barbarins,
> Apportez-nous ces huslandeaux,
> Poulets et chappons pèlerins,
> Cignes, paons et perdreaux,
> Espaulles, gigots de chevreaulx,
> Becquasses, butors, gelinectes,
> Lièvres, connins et lappereaulx,
> Hérons, pluviers et alouettes.

1. Paul Lacroix, dit *le bibliophile Jacob*, a réimprimé en 1859 *la condamnation de Bancquet* dans un *recueil de farces soties et moralités du XVe siècle*. Une préface précède l'œuvre de la Chesnaye ; l'éditeur y conteste l'origine bien connue des tapisseries de notre Musée et attribuant, à Louis XII lui-même, l'idée première de la moralité, il repousse les appréciations de Jubinal et Villeneuve, sans les appuyer d'aucun argument. Dans le même article il est dit que le Téméraire est mort en 1475, ce qui prouve que l'infatigable bibliophile n'est pas toujours parfaitement renseigné, d'ailleurs il ne tient aucun compte de cette circonstance que l'exécution de la tapisserie flamande a précédé de trente-cinq ans au moins la première édition du drame de Nicole de la Chesnaye : *La nef de santé avec le gouvernail du corps humain et la condamnacion des bancquetz* par Nicole de la Chesnaye, in-4° gothique. Paris, Verard, 1507.

Cette énumération est suivie de la nomenclature des sauces ; c'est l'écuyer de Souper qui prend la parole :

> Véez en cy de trop plus parfaictes
> Que cyvé ne galmafrée
> Tout premier vous sera donnée
> Saulse Robert et Cameline.
> Le saupiquet, la cretonnée,
> Le haricot, la salemine,
> Le blanc manger, la galentine,
> Le grave sentant comme balsme,
> Boussac montée avec dodine
> Chaulhumer et saulse madame
> Véez et cappes, limons, popons,
> Citrons, carottes et radices.

Signalons maintenant quelques-unes de ces réunions gastronomiques brodées sur la tapisserie du Musée.

Après avoir subi les pénibles épreuves qui marquèrent les premières années de son règne, René d'Anjou (1431-1453) se livra sans contrainte à son goût dominant pour les fêtes chevaleresques.

La population de Nancy fut témoin de tournois, joûtes, divertissements et banquets offerts par le duc de Lorraine à la cour du Roi de France, et les preux chevaliers revenus du siége de Metz, constituèrent, dans le *pas d'armes* donné en 1445, une sorte de luxe élevé au plus haut degré.

Il s'agissait de célébrer, à la fois, le mariage de Marguerite d'Anjou, seconde fille de René, avec Henri VI, roi d'Angleterre, et l'union d'Yolande, fille ainée du duc, avec Ferry de Vaudémont, union dont les bases avaient été arrêtées neuf années auparavant.

Le superbe Guillaume de Suffolk arriva à Nancy, à la tête d'une magnifique ambassade pour y recevoir, au nom de Henri VI, le serment de la future reine.

On présume que ces fêtes eurent lieu dans l'emplacement que forme maintenant la place de la Carrière[1].

Charles VII parut plus d'une fois aux tournois ; il courut même une lice avec René, qui, presque toujours, en obtint l'honneur.

Malheureusement les détails des solennités épulaires manquent, et il faut se borner à en rappeler la mention, d'après un poëte anonyme du temps (vigiles de Charles VII, citées par Villeneuve-Bargemont dans l'Histoire de René d'Anjou).

> La feste si dura huit jours
> Tant en dances, deduits, esbats,
> Que aultres gracieulx séjours,
> Et tant que chascun estoit las...
> De seigneurs de France avait moult,
> Barons, chevaliers, escuyers,
> Seigneurs, dames, et damoiselles,
> Pour faire grant chière à merveilles..
> Les roynes de France, Cecile,
> La fiancée, la daulphine,
> Et d'autres dames belles filles
> Si en firent devoir condigne.

Les noces du duc Jean II, marié à Marie de Bourbon, furent aussi, vers la même époque, l'occasion de « grandes festes et grands esbastemens ». L'auteur de la *Chronique de Lorraine* ajoute même qu'en ce temps « le roy Charles demoura à Nancy l'espace de ix mois » (§ XXXII).

1. Digot et Saint-Mauris, dans leur *Histoire de Lorraine*, prétendent que cette cérémonie fut célébrée à Tours, sans donner aucune preuve à l'appui, se bornant à dire que les historiens ne sont pas d'accord sur ce point. Ils ne contestent point d'ailleurs les assertions de Villeneuve-Bargemont (*Histoire de René d'Anjou*), lesquelles sont conformes aux indications de la *Chronique de Lorraine* (§ XXX).

Quelques années plus tard, en 1447, René, pendant son séjour en Anjou, résolut de donner des fêtes nouvelles, dans lesquelles il prétendait égaler, sinon surpasser, en magnificence, la plupart des princes de son siècle. Il avait alors à son service un maître-queux nommé Guillaume Réal dit Courcou. Mais les talents de cet habile cuisinier ne pouvaient approcher qu'imparfaitement de ceux du fameux Taillevent, maître-d'hôtel de Charles VII, et l'inventeur de la soupe au chènevis ; ce fut lui que le duc de Lorraine chargea de présider aux festins qui devaient couronner les divertissements projetés.

René avait choisi la ville de.Saumur pour y organiser ce magnifique *pas d'armes*. Isabelle de Lorraine, Yolande d'Anjou, et Ferry de Vaudémont, s'étaient rendus à l'invitation de leur prince, suivis d'un grand nombre de chevaliers, hauts barons, dames et damoiselles « notamment », dit Wulson de la Colombière, « de cette Jehanne de Laval, pour laquelle, secrètement, René fit et dressa son *emprise*[1] ».

Pendant six semaines, dans un pavillon dressé hors de la ville, pour la circonstance, et appelé le *Chastel de la joyeuse garde*, le duc de Lorraine tint une espèce de cour plénière, inventant chaque jour des cavalcades, des banquets et des danses, pour amuser ses hôtes, en attendant la réunion complète des champions appelés à disputer le prix décerné par la reine de Sicile.

Le *pas d'armes* ayant été déclaré terminé, René reprit, avec la reine et tous les princes, le chemin du château de Saumur, où les attendaient de nouveaux plaisirs.

1. Jeanne de Laval, devenue duchesse de Lorraine comme seconde femme de René, qui l'épousa en 1455.

Au son des orgues et des harpes, les danses qui, sous le nom de *caroles, morisques et chapelets*[1], réunissaient toutes les dames et cavaliers, se prolongèrent jusqu'au retour de l'aurore. C'est alors que commençaient les plus splendides festins. Ces repas d'apparat étaient regardés comme un véritable spectacle. La table était parfois dressée en plein air, et alors les écuyers-servants paraissaient montés sur de hauts destriers couverts de draps d'or, et chaque service s'apportait en cérémonie avec accompagnement de flûtes et de hautbois.

Les plats les plus recherchés étaient destinés aux princes et aux personnes que l'on voulait honorer d'une manière particulière. On ne se contentait pas de les placer couverts devant eux, on les fermait avec un cadenas, dont la clé n'était offerte qu'à celui qui devait en manger.

Ordinairement, la table du festin était placée dans la plus vaste salle du palais, on y retrouvait alors les indi-

2. Les *morisques* et les *caroles* citées par les poëtes du xve siècle ne sont connues que de nom. On sait seulement que les dernières se chantaient en même temps que l'on exécutait les pas et les mouvements. Aux noces de gentilshommes, les ménétriers jouaient un air dansé en rond et appelé *chapelet*, parce qu'à la fin du branle on s'embrassait en présentant un chapelet qui passait de main en main.

A Nancy comme à Metz, on dansait déjà l'interminable *cotillon* de nos bals et soirées appelées *sauteries*, par les gens du suprème bon ton. Cette danse se nommait alors estourdion ou simplement turdion : « et se mène ceste danse de telle sorte, que après avoir dansé tous ensemble, tous les compaignons se despairtent à une partie et les filles à une aultre : puis le premier qui mene la danse, se part de sa plaice et de son lieu, et parmy le pairque fait plusieurs tours et viraildes, et puis avec la fille font plusieurs grimaiches et la ramene en son lieu : et fait chascun ainsy en droit soy, quant son tour vient, tout le mieulx qu'il peut, sort de gambairde, de soubresault ou aultrement, et font ainsy les ungs apres les aultres jusques à la fin. » (Chroniques de Metz, 1504.)

cations sommaires de la tapisserie du duc de Bourgogne, d'immenses *surtout* représentaient tantôt des tours fortifiées en pâtisseries, tantôt des villes entières dorées ou argentées et remplies d'animaux et d'oiseaux vivants.

Les armes des princes ou des dames, en l'honneur desquels le repas se donnait, étaient tracées et blasonnées avec art sur plusieurs plats. Mais la partie la plus soignée du banquet était le rôti et le dessert, qu'on apportait dans des vases de vermeil ou des chariots d'or de diverses formes. On y servait les animaux les plus rares et en même temps ceux que nous regardons comme les moins propres à satisfaire l'appétit. Les paons, les hérons, les cigognes et même les hérissons, y occupaient une place distinguée.

Différents intermèdes extraordinaires variaient les services, et, comme la plupart s'exécutaient sur la table même, la salle était toujours gardée par des archers à la livrée du prince, afin d'empêcher la foule de curieux qui auraient pu nuire à l'effet de ces spectacles[1].

La quantité de vaisselle servant à ces festins semblerait fabuleuse si elle n'était constatée par des inventaires authentiques. Ajoutons enfin que les banquets se terminaient par l'arrivée du drageoir qui, recouvert d'une serviette et porté par un poursuivant d'armes, circulait à la ronde avec les espices (dragées ou confitures) pen-

---

1. Dans un banquet donné à Lille, le 17 février 1433, et cité dans les notes de l'*Histoire de René*, s'élevait « une esglise croisée, et verrée avec cloches sonnantes, quatre chantres et enfants de chœur ». Puis venaient : « un pasté dedans lequel estoient 28 personnaiges jouant de divers instruments, le château de Lusignan avec fossés remplis d'eau d'orange, un dessert où des tigres et des serpents se combattaient avec fureur », etc. Et estoient les plats de rost et on voyait quarante-huit manières de mets à chaque plat ».

dant que l'on buvait largement l'hypocras, le piment, le
clairet ou le vin cuit dans des coupes de cristal à larges
bords et au pied de vermeil, que l'on appelait hanaps.

A la mort de son épouse Isabelle (1453), René remit
la Lorraine à son fils Jean et passa le reste de sa vie
tantôt dans son comté de Provence, tantôt en Anjou, où
les fêtes se renouvelèrent notamment en 1455, époque
de son second mariage avec Jeanne de Laval. En cette
même année, le duc s'adressa de nouveau à Taillevent
pour la composition d'un repas dont l'habile maitre-
queux a laissé la description. Legrand d'Aussy donne
dans ces termes l'analyse du festin, d'après le récit même
de l'écrivain culinaire[1] :

« La table étoit garnie d'un dormant qui représentoit
une pelouse verte et qui, sur les bords de son pourtour,
offroit de grandes plumes de paon et des rameaux verds,
fleuris, auxquels on avoit attaché des violettes et d'autres
fleurs odorantes. Du milieu de la pelouse s'élevoit une
tour argentée avec ses créneaux. Elle étoit creuse et for-
moit une espèce de volière où l'on avoit renfermé différents oiseaux vivants, dont la huppe et les pieds étoient
dorés. Son donjon, doré aussi, portoit trois bannières,
l'une aux armes de René, les deux autres à celle de
Mesdemoiselles de Chateaubrun et de Villequier, pour
lesquelles se donnoit la fête.

» Le premier service consistoit en un civet de lièvre,
un quartier de cerf qui avoit passé une nuit dans le sel,
un poulet farci et une demi-longe de veau. Ces deux
derniers objets étoient couverts d'un brouet d'Allemagne,

1. Legrand d'Aussy. — *Histoire de la vie privée des Français,*
t. III, p. 273.

de rôties dorées, de dragées et de grenades. C'était peu
assurément que ces quatre plats pour un grand festin ;
mais à chaque extrémité, et en dehors de la pelouse, il y
avoit un énorme pâté, surmonté d'autres plus petits, qui
lui servoient de couronne. La croûte des deux grands
étoit argentée tout autour et dorée en dessus. Chacun
d'eux contenoit un chevreuil entier, un oison, trois chapons, six poulets, six pigeons, un lapereau, et (sans doute
pour servir de farce et d'assaisonnement) une longe de
veau hachée, deux livres de graisse et vingt-six jaunes
d'œufs durs, couverts de safran et lardés de clous de
gérofle. Pour les trois services suivants (car Taillevent,
dans sa description, les confond ensemble), c'étoit un
chevreuil, un cochon, un esturgeon cuit au persil et au
vinaigre et couvert de gingembre en poudre ; un che-
vreau, une longe de veau, deux oisons, douze poulets,
autant de pigeons, six laperceaux, deux hérons, deux
poches, deux cosmeaux, un levreau, un chapon gras
farci, un hérisson avec une sauce, quatre poulets, dorés
avec des jaunes d'œufs couverts de poudre de Duc ; un
sanglier artificiel fait avec de la crème frite, des darioles,
des étoiles ; une gelée moitié blanche, moitié rouge,
laquelle représentoit les armes des trois personnes nommées ci-dessus ; une crème brûlée à la poudre de Duc
et sursemée de graines de fenouil confites au sucre ; du
lait lardé, une crème blanche, du fromage et jonchées,
des fraises ; enfin, des prunes confites et étuvées dans
l'eau rose. Outre ces quatre services, il y en eut un
cinquième, composé uniquement de ces vins apprêtés
qui alors étoient d'usage, et de ces confitures qu'on
nommait *épices*. Celles-ci consistoient en fruits confits
ou en diverses pâtes sucrées. Les pâtes représentoient

des cerfs et des cygnes, au col desquels étoient suspen-
dues les armes de René et celles des deux demoiselles ».

L'auteur de la *Chronique de Lorraine*, dans le cours
de son récit, nous fait assister à plus d'un festin qu'il
n'est pas inopportun de rappeler ici, malgré la brièveté
des détails.

Avant la bataille de Nancy, René II est accueilli dans
la ville de Sarrebourg avec le parti de Français qui
l'accompagne. Le chroniqueur alors énumère les nombreux repas auxquels, en Lorraine allemande, il était
d'usage de se livrer dans une même journée, et il désigne
sous le nom de *xélaftrinque* et de *pafferlin* certaine
collation du soir et certains pâtés fortement assaisonnés,
qui étaient alors en vogue :

« Les dicts comtes, Monsr de la Pinache, et le seigneur
d'Abigney et tous les plus grands dedans la dicte Sal-
bourg, iij jours durant ont festoyé les Françoys à la
manière des Alemans : le desjeun, le disné, la marande,
le soupé, le ressiné[1] que on appelle xelaftrinque[2], et
toutes viandes de pafferlin[3], force chapons, venaisons de
toutes chairs à planté (abondance)..... et d'autant beuvoit
le petit comme le grand ; on n'espargnoit rien, on les
servoit force vin blanc, rouge et cléret. Les dicts Francoys

1. Le *ressiné* ou *ressinon*, c'est ainsi qu'on appelle encore en
Lorraine la collation faite au retour de la messe de minuit à Noël ;
on donne aussi le même nom à un repas qui, à la suite des *loures* ou
veillées d'hiver, on se donne entre amis à la campagne au mois de
février.

2. *Xelaftrinque* — mot allemand altéré — *schlaftrunck*, vin de
coucher, — boisson du sommeil.

3. *Pafferlin*, du mot allemand *pfefferlein*, diminutif de poivre,
petit poivré, comme nous disons petit-salé.

estoient tout esbahys, ils demandoient si c'estoit la vie que les Alemans faisoient de manger ainsy souvent. »

C'est ici le lieu de mentionner, d'après le même auteur, les ragoûts particuliers auxquels, par patriotisme, s'étaient résignés nos ancêtres, préférant devoir leur délivrance à René II plutôt que de se rendre aux attaques du Téméraire devant Nancy, dont le siége trainait singulièrement en longueur.

« Ceulx de Nancey, que chiens et chats, chevals et rats, avoient mangé, mirent en la place du chastel, bien arrangés les unes après les altres, mainctes testes de chevals, de chiens, de chats, de rats. Tous ceulx qui les veoient eshabys estoient, et disoient que ils estoient gens de grand couraige et léals serviteurs, d'avoir enduré la peine et d'avoir mangé telles viandes. »

L'arrivée à Nancy de Renée de Bourbon épouse du duc Antoine, donne lieu à un premier repas offert à l'heureuse princesse par les habitants de Laxou et à un festin servi au Palais ducal, repas et festin consignés dans un chapitre spécial.

« On dict Laixou fut préparé iij ou iiij maisons des plus belles, et force lousgis de May (arcs de triomphe en feuillage), et là feirent descendre Madame et toutes altres dames et damoyselles (par) toutes femmes dudict Laixou, luy fut adporté force tartes, pommes, poires, vin rouge et cléret, et là feirent la bonne chière : elle demoura là jusques vers les vj (heures)........

» Tout cela adcomply, iiij gentilshommes, tenant un ciel somé (un dais parsemé) de chardons, le mirent dessus Madame. Toute la noblesse la menoient en la court, la noble maison — Madame fut receue humblement de

Monsieur le duc, lequel la veit voluntiers. Incontinent le soupé estoit adpareillé, tous à table se mirent, de faire la grande chière ne faillirent my : trompettes et clérons tous instruments du long du soupper sonnoient. Toute la noblesse de la venue s'en resjoyssoient ; après le soupper, rendirent grâces à Dieu, se mirent à danser[1] ».

Pour clore cette liste de festins, il faut donner quelques extraits d'un dernier document, qui joint, au charme de la couleur locale, le mérite d'une scrupuleuse précision.

La réception de la jeune épouse d'Antoine se termine, dans la chronique, par la réflexion suivante :

« Quand vient l'heure de couchier, Monsieur Madame ensemble couchont ; et por bien attrèner la noble Maison et le Pays, il est à présumer du jeu d'amour, Monsieur feit comme ses prédécesseurs. »

Les prévisions du chroniqueur s'accomplirent, Antoine eut deux fils et une fille, et la naissance de son second fils, Nicolas, fut l'objet d'une relation extrèmement curieuse due à la plume de Volcyr de Serrouville, et dont M. Henri Lepage a découvert une copie transcrite dans le *Liber omnium*, déposé aux Archives de la Meurthe.

Cet opuscule a pour titre :

BAPTESME DE NICOLAS-MONSIEUR,

FILZ PUIS-NAIZ DE MONSEIGNEUR LE DUC ANTOINE

DUC DE MERCUEUR, MARQUIS DE NOMENY.

---

1. *Les opérations des feus ducs de Lohereigne*, §§ CL et CCXLIII.

L'écrit de Volcyr est précieux à consulter pour le peintre et l'archéologue. Avec l'auteur on passe en revue tous les personnages importants qui composent le cortége, on assiste à la cérémonie du baptême, puis on revient au Palais ducal dont on parcourt toutes les salles à l'aide du plus pittoresque inventaire.

Nous voici, par exemple, dans « la chambre de parement », c'est-à-dire la salle où se tenaient les parrains et marraines et la dame d'honneur portant le nouveau-né ; là « estoit un buffet aorné et chargé de haultz potz, couppes, taxes et hanaps d'or et d'argent, si abondamment que tout y reluysoit, outre ce que l'eschançonnerie, estatz, chambres et offices estoient chacuns à leur endroict fournies.

« Illecques aussy avoit ung lict grant et spacieux dont la couverte estoit d'armines soubz ung subtil et fin linge basty, estendu jusques au bas sur la tapisserie de Turquie avec force carreaux couvertz de drap d'or, où hypocras, confitures, dragées, muscade et commune marchepain, ollies, sucres et tablettes, moins estoient espargnées que jadis noys, prunes ou pois au bancquet des dieux et déesses, lés Troye la Grande en Phrygie, pour recevoir le pasteur Pàaris Alexandre : en court haultaine et royalle. »

La condamnation de Banquet n'était pas la seule tapisserie abandonnée par les Bourguignons sous les murs de Nancy. Voici ce qu'on remarque dans la pièce suivante :

« Puis à senestre on entroit en une salle basse nommée la salle d'honneur, grandement décorée de tapis faictz, tixus et ourdis à l'anticque, où l'histoire de Jason et Médée est moult clèrement comprinse avec dyctiers dé-

claratifz du cas, qui fut pieça conquis en la journée de
Virilet[1] ».

Arrivons enfin aux abords des cuisines et de la salle
de festin : « En continuant par deux grosses tours lesquelles environnent la porterie et descente du chasteau,
virrant droit ès offices, scavoir eschançonnerie, panne-
terre, fruicterie, gardemenger et saulcerie, cuisines a re-
change où sans cesse y a ung grant nombre de cuisiniers
grandz moiens, petits, aiant peine assez à cause de la
foulle des gens illecques vivans, en sorte que lors pour
l'estat ordinaire on y dependoit, pour jour, près de cinquante moutons, trois bœufz, pain et vin avec autres
biens à l'équipolent. Donques est facile a conclure que la
chose estoit grandement accreue et augmentée tant, que
raport a esté faict par gens de despences que l'on avoit
distribué audict jour de baptesme environ vingt huict
poinssons de vin, bœufz et moutons comme dessus est
dict, cinq cens chappons, unze cens poulles, misches et
michettes sans nombre, oultre la vennerie et volerie, car
on y veoit cerfz, biches, sangliers, chièvres, veaux,
dains, golsiers, lappins, liepvres, connins[2], otardes, cignes,

---

1. Saint-Jean de Virilet ou du Vieil-Aître, ancienne commanderie
de l'ordre de Malte, située à l'extrémité du faubourg Saint-Jean de
Nancy, près de l'étang du même nom où fut trouvé le corps du duc
de Bourgogne. La journée de Virilet signifie la bataille de Nancy
dans laquelle périt Charles-le-Téméraire.

2. Les connins (*lapins,* du latin *cuniculus*) de garenne, dès le
XIVe siècle, étaient plus recherchés que les autres : « Ils sont co-
gneus, dit le *Ménagier de Paris*, à ce qu'ils ont le *hasterel* (nuque),
c'est assavoir, depuis les oreilles jusques vers les espaules, de couleur entre tanné et jaune, et sont tous blans soubs les ventres, et
les quatre membres par dedans jusques au pié, et ne doivent avoir

buttors, paons, faisans, bitardes, oyes, herrons, cannards, gellinettes, perdrix, bescasses, griesves, merles, tourdes, vanneaux et pluvions, tourterelles, pingeons et ramiers. »

Les festins continuèrent pendant plusieurs jours ; le baptême et le premier gala qui l'avait suivi avaient lieu le 10 novembre 1524, et « au lendemain qui estoit le vendredy unzieme jour de novembre, apres toutes manières de potages delicatz, on y estoit servy de lemproyes, saulmons, truictes', brochetz, carpes, anguilles, barbeaux, chareines, perches, hallottes, gremilles, tanches, moutoilles, gouvions, aubes, villains, sachetz, pingletz, menuse, stofische, mersuuin, barrans et austres marée si délicieusement accoustrée que tout y estoit demeuré ; mesmes pour le bachanal y avoit hipocras[1] a tonneaux, poinssons et tandelins, Clarey[2], vin de Beaulne et de Vertu, d'Ay et de Bar sus Aube, Spanoin, trabey,

nulle autre tache parmi le corps. » — En parlant de certains mets réservés pour la bouche des riches, Champier ajoute, dans l'ouvrage déjà cité : « On sert aussi à leur table certain morceau du cerf qu'on appelle le *cimier*. Pour le bois de cet animal, lorsqu'il est jeune et nouveau encore, on le mange coupé par tranches et frit ; mais c'est là un mets de Roi ! »

1. Suivant Olivier de Serres (*Théâtre d'agriculture et ménage des champs*, Paris, 1604, 2 vol. in-4°), l'hipocras se préparait de la manière suivante : « une livre de sucre, un peu de gingembre, une once de fine canelle, pulvérisés et infusés pendant huit heures, puis coulés par la chausse sept fois de suite. »

2. On appelait vin clairet celui qui n'était ni rouge ni blanc. Il y en avait de plusieurs nuances, gris, paillet, œil de perdrix, car on estimait beaucoup ces couleurs bâtardes, quoiqu'elles indiquassent un vin des dernières presses, ou qui avait subi dans la cuve un commencement de fermentation, capable d'atténuer une certaine quantité des parties colorantes. » (Legrand d'Aussy.)

plain vin, furey, vin françois ; rappé d'Allemaigne[1] et de
Barrois de toutes couleurs, n'y estoit espargné moins
que birre en Vuesphalle. Encormais on trouvoit en l'es-
cart Malvoisie, vin bastard et Romaine tant que tout y
estoit respendu à grand abondance. »

Ces festins et banquets se succédèrent, sans répit ni
trève, pendant plusieurs jours, non seulement au Palais
ducal, mais encore chez les grands seigneurs et les
simples particuliers, qui, comme eux, tenaient table
ouverte. L'allégresse était générale; on rendait grâces
à Dieu de la paix acquise par la politique du prince,
alors que ses voisins « par gros desrois estoient spoliés,
ars et meurdriz ».

Le secrétaire de M. de Guise célébrait alors son mariage avec la belle Claudon Midy, et, à cette occasion,
recevait « grand multitude de sieurs et dames avec
habondance de tous biens ». Honorable homme et sieur
maistre Gehan de Naves licencié ez loix et auditeur des
Comptes, tenoit estat pour tous cordiaux fauteurs de
littérature et gens de robe longue. Mais il est un seigneur
surtout qui se distinguait par le luxe, le bon goût et la
profusion, nous voulons parler de messire Antoine Du
Chastellet, sieur de Sorcy et premier chambellan du
sieur duc. Il avait fait orner son logis de tapisseries
à feuillages, récemment mises à la mode et sur lesquelles
étaient fixés les écus de la maison de Lorraine.

Le duc Antoine en fut si émerveillé qu'il résolut
d'aller diner, le dimanche suivant, chez son chambellan,

---

1. Le rappé était un vin très-léger fait avec de l'eau et des raisins
en grappes, — parfois il se composait du moût de vin mis en futailles
et éclairci avec des copeaux.

avec le duc et la duchesse de Guise, le marquis du Pont,
son fils aîné, le petit baron de Joinville et une partie des
gentilshommes, dames et damoiselles, venus pour la
solennité du baptême. C'est dans cette circonstance que
le noble amphytrion déploya un luxe princier décrit par
Volcyr dans les termes suivants :

« Au regard des appareilz, la chose seroit bien longue
à racompter pour auttant que ledict premier chambellan
est le parragon des hommes, pour faire apprester à roys
et princes. Toutesfois néantmoins il y eust seize platz
fournys de ce que s'ensuyt : Premièrement de la panneterie sailloit le premier service, assavoir hypocras blanc
avec rosties ; le deuxième service herons froitz, langues
sallées, paons froitz, pastelz de perdrix froitz ; de l'eschançonnerie vin de Bourgogne, cleret viel et nouveau,
vin d'Ay nouveau, vin blanc de Bar sus Aube nouveau,
vin cleret de Bar viel et nouveau, vin bastard et malvoisie ; de la cuisine, premier service, les saulcisses, les
coustellettes de porc, les perdrix aux choulx, pastelz
d'assiete ; second service, les chappons boulliz, le menger
blanc, ventre de veau, pastelz à la saulce chaude, cuisse
de chevreux chaudes, les perdriz à l'orenge ; troisième
service, connins à la trimollette, les gellinettes de bois,
les cochons rostiz, les oyes sauvaiges, cuisses de chevreux froides, pastelz de longes de chevreux tedes avec
olives et capes ; quatrième service, herrons et buttors,
les cannartz à la dodine, les chappons à la cameline, les
beccasses et vanneaux, pastelz de venaison ; cinquième
service, le bœuf sallé, haultz costez de mouton, pastelz
de cannartz la gellée de cochon, la gellée de court en
deux sortes, rouge et jaulne, piedz, groingz et oreilles
de porcz au son.

» Or est que a chacun service que les maistres d'hotelz
venoient querre, trompettes et clerons menoient si grandz
bruictz que l'on y ouoyt goutte.

› Puis de la fruicterie furent apportées tartes d'Angleterre, tartes de cresmes, tartes de pruneaux, chastaignes
et poires cuites. Encormais la panneterie delivra fromage
plasantin, fromage de gayn. Apres tout cecy y avoit hypocras avec le mestier. »

Le menu du chambellan, était, pour Volcyr, le *nec
plus ultrâ* du raffinement ; il nous montre quels progrès
avait faits l'art du cuisinier, et tous ceux qu'il avait à
faire encore, pour arriver à satisfaire un véritable gastronome. On pouvait manger, et manger beaucoup, mais
on ne *savait* pas manger ; la profusion, la multiplicité
des mets répondaient à des appétits robustes, mais un
palais délicat s'effraierait, à la lecture seule, du programme dû à l'imagination du maitre-queux de Du
Chastellet. L'artiste ne savait pas encore qu'en matière
de comestibles, il faut passer des plus substantiels aux
plus légers, tout comme, dans l'ordre des boissons, un
dineur entendu doit débuter par les plus tempérées, pour
aborder ensuite les plus fumeuses et les plus parfumées.
Or, est-il de nos jours un estomac, même le moins pré-
tentieux, qui consentirait à déguster un groing et des
pieds de cochon accommodés avec du son, après avoir
passé la revue de tout ce que le *poil* et la *plume* offrent
de plus délicat et de plus distingué en venaison ?

A la fin de l'intéressant compte-rendu se trouvent,
sur le nouveau-né, les détails suivants, qui caractérisent
la foi naïve et superstitieuse de ses contemporains.

« Ledict enfant Nicolas-Monsieur fut né le vingtième
jour de la lune de septembre, laquelle estoit au signe de

gemini, par tel jour que le bon patriarche Isaac donna la bénédiction à son filz Jacob, à raison de quoy, les saiges ont dict que l'enfant qui nasquiroit soubz telle constellation et jour, seroit belliqueux et grandement ingénieux , aiant ung signe en la machoüer dextre, laquelle chose signamment concorde avec la grande importance et signification de son excellent nom, sçavoir Nicolas, qui vault à dire, de Grec en François, vaincqueur du peuple, en suivant l'effet des grâces requises à tous nobles princes d'honneur, supliant celluy qui est vray Dieu éternel et vivant, que son bégnin plaisir soit luy vouloir donner le moyen de vivre en bonne paix, union et concorde. »

IV

LE CÉRÉMONIAL DES GRANDS COUVERTS.

—

La maison de René II. — L'hôtel de Charles III. — Le maître nap-
pier. — Les lois de l'étiquette. — Vertu mystérieuse de la licorne.
— Les pains tranchoirs. — *Le manger à la mesme escuelle.* —
Le service de table tant à l'ordinaire qu'à la Royale. — La nappe
tranchée et le pain renversé — Le châtiment des Des Armoises
et des gens de Maxéville.

A la cour de René d'Anjou et du duc Antoine, un
personnel considérable était nécessaire pour la préparation et le service des grandes réceptions que nous
avons analysées ; mais un écuyer, un maître-queux, deux
sauciers et deux fruitiers suffisaient à l'état plus modeste
de la cuisine de René II, non compris, bien entendu,
deux écuyers tranchants, trois échansons et trois pane-
tiers pour le service de la table.

Il en était autrement dans le palais de Charles III. Le
grand maître de l'hôtel de Son Altesse avait sous ses
ordres une armée de serviteurs, et il faut connaître

la liste de la maison ducale pour comprendre par combien d'intermédiaires les mets devaient passer avant d'être déposés devant le prince.

Trois maîtres-queux et quatre aides fonctionnent à la cuisine, puis viennent quatre officiers de pancterie, trois officiers de garde-manger, cinq officiers d'échansonnerie, trois officiers de fruiterie, deux pâtissiers et herbiers, sept officiers de salle et sert-d'eau ; enfin une engraisseuse des volailles de la ménagerie de Saulrupt et un « préposé ayant charge sur les truites, faisans, vacherie et autres choses semblables dépendant de la ménagerie de S. A. ».

Le service des grands couverts était confié, outre l'argentier, ses deux clers d'office et les officiers de vaisselle, à trente gentilshommes servants, à quatre maîtres d'hôtel servants par quartiers et quatre gentilshommes suivants.

Le reste de la maison était organisé à l'avenant. Le grand chambellan et le grand écuyer étaient les chefs de tout un état-major d'huissiers, valets de chambre, apothicaires, écuyers, laquais et palefreniers. Au total, 630 officiers ou domestiques composent le personnel attaché au service du duc et des princes du sang en l'année 1607[1].

Quand le prince voyageait, il était accompagné par ses principaux serviteurs ; puis, dans les villes visitées, apparaissait un nouvel officier nommé le maître-nappier. Ses fonctions, dévolues ordinairement au prévôt de la localité, consistaient à fournir toutes les nappes nécessaires pour le service de la table ducale ; le même officier devait en outre « les buer et entretenir à ses frais ».

1. *Les Offices des duchés de Lorraine et de Bar*, par M. H. Lepage.

Quels avantages, quels honneurs étaient attachés à l'office du maître-nappier ? Les comptes des receveurs du domaine ne donnent aucun détail sur ce point et se bornent aux indications sommaires que nous venons de mentionner[1].

Divers écrits du temps ont retracé les loix de l'étiquette minutieusement observées dans les réceptions officielles de la cour. Un chambellan de Charles-le-Téméraire, Olivier de la Marche, qui, à la bataille de Nancy, fut, avec Beaudouin, frère naturel du duc, fait prisonnier près du village de Laxou, a laissé des mémoires fort curieux[2] auxquels nous empruntons la relation des usages suivants :

Le maître-queux se rendait dans la salle du repas suivi du saucier, auquel il faisait couvrir la table d'une double nappe nommée *doublier*. Le saucier allait ensuite chercher la vaisselle confiée à sa garde ; il la plaçait, par piles, sur le dressoir. Pendant ce temps, un valet-servant allait, à la paneterie, recevoir, du garde-linge, les couteaux avec trois serviettes, et du sommelier, le pain de bouche avec trente-deux *tranchoirs* ou grosses tartines de pain bis sur lesquelles se mangeaient certains mets, en guise d'assiettes[3]. L'huissier de salle prenait à la paneterie une verge blanche, de quatre pieds de lon-

1. *Archives de la Meurthe*, B. 6,657, comptes du receveur de Lunéville en l'année 1539.

2. *Mémoires* d'Olivier de la Marche, imprimés à Bruxelles en 1616.

3. Depuis l'établissement des chemins de fer, le voyageur du XIXe siècle a remis en usage les *pains-tranchoirs* du moyen âge. Les *sandwich*, les tranches de jambon ou les morceaux de filet, intercalés dans un pain ouvert, et servis à la hâte dans les buffets des gares, ne sont pas autre chose que l'assiette primitive adoptée par nos ancêtres.

gueur, symbole de sa fonction, puis il allait quérir les
différents officiers employés au service. Le sommelier
déployait une serviette, la baisait et la donnait au panetier, qui la déposait sur son épaule gauche, en enfonçant
les deux bouts dans sa ceinture, l'un par devant, l'autre
par derrière ; il lui présentait de même la salière du duc
couverte. Alors tous quatre s'avançaient vers la salle
dans l'ordre suivant : l'huissier, le panetier, le valet-
servant et le sommelier ; le panetier portait la salière, le
valet-servant, le pain, les serviettes et les couteaux dans
leur gaine, et le sommelier, la *nef* d'argent. Ce vase,
ainsi que l'indique son nom, représentait un navire : il
contenait une nef moins grande, une petite salière, des
tranchoirs d'argent et une *licorne* destinée à faire l'essai
des viandes, du pain et des autres aliments présentés
au duc.

La *licorne* était considérée comme l'emblème de la
pureté ; tout fragment de corne en provenant, mis au
contact de substances toxiques, devait immédiatement
annihiler le poison ; de là l'usage superstitieux pendant
les xv⁰ et xvie siècles de toucher tous les mets et boissons
avec la licorne déposée dans la nef[1].

1. D'après les écrivains anciens et notamment Aristote et Pline,
la licorne se rapproche de l'âne et du cheval. Sa tête, couleur de
pourpre, est surmontée d'une seule corne, longue et aiguë, rouge à
sa partie supérieure, blanche inférieurement et noire au milieu. C'est
ainsi qu'elle était représentée à l'entrée des auberges qui l'avaient
adoptée pour enseigne comme indication de la pureté des mets servis
aux voyageurs. L'urus (bœuf sauvage) ou le rhinocéros étaient sans
doute la licorne vue par les anciens. En réalité, la licorne dont on se
servait au moyen âge, n'était autre que la dent du narval, genre de
cétacés de la famille des souffleurs. Cette dent, en forme de corne,
droite, sillonnée en spirale et souvent longue de plus de trois mètres,
n'est plus aujourd'hui qu'un objet de curiosité ; mais on lui attribuait

On procédait d'ailleurs aux essais de la manière suivante : « Le sommelier doit mettre de l'eau fresche sur la licorne et en la petite nef et doit bailler l'essay au valet-servant, vuydant de la petite nef en une tasse, et la doibt porter en sa place, e faire son essay devant le prince, vuydant l'eau de la nef en sa main ».

Enfin le duc arrivait avec sa cour, et alors commençait un autre cérémonial, qui ne s'adressait qu'à lui seul.

Avant de s'asseoir à table, il se lavait les mains ; le panetier présentait alors une serviette au premier maitre-d'hôtel, celui-ci la donnait au chambellan, et ce dernier au prince, à moins que le chambellan ne voulût céder cet honneur à quelque grand seigneur présent. Lorsque le duc avait *lavé*, il remettait la serviette au maître-d'hôtel, qui la rendait au panetier. Celui-ci la pliait et la jetait sur son épaule ; puis il se rendait avec le panetier à la cuisine. Le maitre-queux ordonnait alors à ses subalternes d'apporter les mets apprêtés. Il les présentait au maitre-d'hôtel, qui en faisait l'essai, les couvrait et les livrait ainsi couverts au panetier. Celui-ci faisait signe aux gentilshommes servants de les porter dans la salle. La marche était précédée par l'huissier de salle et fermée par l'écuyer de cuisine, dont l'office principal était de suivre tous les plats qui sortaient de la cuisine. Le même cérémonial avait lieu pour porter les sauces, avec cette différence pourtant que celles-ci n'étaient point présentées, comme les autres plats, au maitre-d'hôtel, mais au panetier, qui en faisait l'essai ; le maitre-d'hôtel seul les posait sur la table.

autrefois de grandes vertus médicales. (Voir, sur les pratiques bizarres auxquelles la licorne donnait lieu, une remarquable *étude*, de M. Raoul Guérin, *sur la famille des cétacés.* — Paris, 1871, grand in-8°, pages 91 et suivantes.)

Tous ces essais, faits à la cuisine, n'empêchaient pas
d'en faire de nouveaux à la table. Lorsque les plats étaient
posés et le duc assis, le valet servant faisait l'essai des
pains-tranchoirs ; le panetier celui des viandes, et l'é-
chanson, un genou en terre, celui de l'eau pour la
bouche. Alors l'écuyer-tranchant, vis-à-vis du duc et
de l'autre côté de la table, enlevait une des deux serviettes qui couvraient le pain de bouche ; il la baisait,
et, après l'avoir passée autour de son cou, de façon que
les deux bouts pendissent sur la poitrine, il s'enveloppait
avec l'un de ces bouts la main gauche, qu'il appuyait
sur le pain, et de l'autre main, coupant le pain en deux
parts, il en faisait faire l'essai au valet-servant, puis il
baisait le manche du couteau destiné au duc et le lui
mettait sous la main. Après ces formalités, il servait ;
mais il ne découvrait les plats qu'à mesure que le duc
voulait en manger, et de chaque plat il faisait l'épreuve.
Pour découper les viandes, il prenait un tranchoir d'argent, sur lequel il mettait cinq tranchoirs de pain, afin de
soutenir l'effort du couteau, et avec le même couteau il
présentait au duc le morceau coupé.

Le duc ne devait demander à boire que par signes.
Alors l'échanson prenait le gobelet avec sa soucoupe, et
l'élevant au-dessus de sa tête afin que son haleine ne
pût pas l'atteindre, il allait, précédé de l'huissier, le faire
remplir au buffet. Le sommelier, avant d'y mettre l'eau
et le vin, l'arrosait d'abord en dedans et en dehors pour
le rafraîchir. Quand le gobelet était plein, l'échanson le
faisait déborder dans la soucoupe, puis il donnait au
sommelier la moitié du liquide débordé pour en faire
l'essai. Revenu près du duc, lui-même à son tour faisait
l'essai de ce qui restait dans la soucoupe ; il présentait

ensuite le gobelet au prince et lui tenait la même soucoupe sous le menton pendant qu'il buvait. Au dessert, le panetier allait au buffet chercher l'oublieux, qui venait poser ses oublies devant le duc et qui en faisait aussi l'essai. L'échanson allait, de son côté, prendre des mains du sommelier les vins *apprêtés* ou épicés et l'hypocras. Enfin, avant de sortir, le duc se lavait les mains une seconde fois ; l'échanson lui présentait le bassin et l'eau et le panetier la serviette.

Après avoir été employés comme assiettes pour le service des viandes distribuées aux convives, *les pains-tranchoirs* étaient jetés dans des vases dits *couloueres* (vases à *couler*, à *passer*, *passoires*) ; il était d'usage aussi d'y joindre quelques pièces de bouilli et de rôti, qui étaient distribuées aux pauvres par les *valets d'aumône*. Ajoutons enfin que chaque convive était pourvu d'une serviette, d'un couteau et d'un gobelet, parfois aussi d'une cuillère ou *paelle* et de quartes d'argent (vases contenant deux pintes de vin).

Dom Calmet rendant compte des cérémonies par lesquelles René II célébra la naissance de son fils le duc Antoine, nous a laissé le nom des seigneurs fonctionnant pendant le festin solennel servi à Bar le 4 juin 1689, en la grande salle du château[1] : « Au haut étoit la table sur une estrade de 8 degrés couverts de tapis de Turquie. Au-dessus de la table était un dais de velours cramoisi, orné de perles. A la droite et au-dessous de la table du Roi était une autre table pour les princes et les dames.

» Vers les 10 heures du matin, le roi René sortit de sa chambre en cérémonie, accompagné de Henri de Lor-

---

1. *Hist. de Lorraine*, t. II, p. 1125.

raine, évêque de Metz, son oncle, précédés de Gérard de Danviller, grand écuyer de Lorraine, et des gentils-hommes de la Maison du Roi. Ce prince ayant pris place, l'évêque de Metz, Mesdames Marguerite et Yolande de Lorraine, et Mme la comtesse de Saverden, se placèrent à sa droite. A sa gauche furent placés le cardinal de Gorze, légat du pape, les évêques de Toul et de Verdun, et quelques princes.

» Henri, comte de Blâmont, fit l'office de panetier; Henri, comte de Richecourt, celui d'échanson : le comte de Chalant, d'écuyer tranchant, et le bâtard de Calabre, de grand-maître. Les services s'apportèrent en cérémonie, au son des tambours, fifres et trompettes, précédés des huissiers de la chambre, des hérauts d'armes, des maîtres d'hôtel, tous avec leurs habits de cérémonie, puis venoient le grand-maître et le panetier avec les marques de leurs dignités. Enfin les gentilshommes de la chambre portant les services, qui furent tous distribués dans le même ordre pendant tout le repas, où il y eut musique composée de toutes sortes d'instruments.

» Sur la fin du dernier service on cria largesse de deux grands bassins et d'une aiguière d'argent doré de la part du jeune prince de Calabre, à l'occasion duquel se faisoit cette fête. Après le festin suivit le bal, qui dura environ deux heures. Alors le Roi se retira en sa chambre, et Mgr Henri de Lorraine, évêque de Metz, Mesdames Marguerite et Yolande de Lorraine, la duchesse d'Alançon et la landgrave de Hesse, la comtesse de Saverden, et tous les princes et dames se rendirent en la chambre où était le jeune prince de Calabre ».

Dans les beaux temps de la chevalerie, on imagina de placer les invités par couple, ordinairement homme et femme ; chaque couple n'avait alors qu'une seule coupe et une seule assiette ou tranchoir ; ce qui s'appelait *manger à la mesme escuelle.*

Plus d'un siècle après la bataille de Nancy, on observait encore, à la cour de Charles III, le cérémonial décrit par Olivier de la Marche. Indépendamment du texte qui accompagne les magnifiques planches de Claude de La Ruelle, connues sous le nom de *la Pompe funèbre de Charles III*[1], l'auteur, secrétaire des commandements de « feue Son Altesse », a écrit, sur l'ordre du bon duc Henry, la relation de la cérémonie mémorable[2], qui, suivant M. Beaupré, a donné naissance à un proverbe historique, plaçant au premier rang, pour la magnificence, le couronnement d'un empereur à Francfort, le sacre d'un roi de France à Reims et l'enterrement d'un duc de Lorraine à Nancy.

Charles III expira le 14 mai 1608, et l'inhumation n'eut lieu que le 17 juillet suivant. Pendant cinq semaines se succédèrent des représentations et des formalités cérémonieuses, dont La Ruelle nous a laissé le récit. Dans

1. Ces planches, gravées à l'eau-forte par Frédéric Brentel, artiste strasbourgeois, sur les dessins de Claude de La Ruelle et de Jean La Hiere, contrôleur général des fortifications de Lorraine, sont précieusement conservées par tous les amateurs d'estampes ou de collections historiques. La bibliothèque publique de Nancy en possède un exemplaire et la bibliothèque du Musée lorrain en compte deux, l'un offert par M\ :sup:me Castel, l'autre acquis avec la collection de l'abbé Marchal. Ce dernier l'avait acheté, en 1837, moyennant le prix de 49 francs. En 1873, un exemplaire semblable a atteint, à la vente de l'artificier Ruggieri, le prix principal de 525 francs, outre les frais d'adjudication.

2. *Discours des cérémonies, honneurs et pompe funèbre* faits à l'enterrement de Charles III, imprimé à Cler-lieu lès Nancy par Jean Sauine, petit in-8°, très-rare et très-cher aux bibliophiles lorrains.

une salle où se trouvait exposée l'effigie du défunt[1], on célébrait des offices religieux, immédiatement après lesquels un festin somptueux était servi, comme si le prince était encore en vie. L'aumônier disait le *Benedicite;* les fourriers, panetier, maître-d'hôtel, échanson, etc., remplissaient sérieusement leurs fonctions habituelles ; un secrétaire des commandements et « le médecin en quartier » se tenaient, comme à l'ordinaire, derrière le siége ducal ; mais aussitôt après la récitation des grâces, l'aumônier distribuait aux pauvres le pain, le vin et les mets qui avaient paru sur la table.

C'est tout ce que La Ruelle décrit, d'une manière minutieuse, dans le chapitre de son livre intitulé : « *Service de table en la salle d'honneur*[2] *tant à l'ordinaire qu'à la Royale* ».

Le service *à l'ordinaire* n'est que la répétition de ce que nous avons raconté plus haut, y compris les essais faits à l'aide de la licorne qui, au xviie siècle, conservait encore sa vertu mystérieuse.

Il n'est pas sans intérêt de rappeler, à cette occasion, que Charles III, dans sa ménagerie, possédait un narval, connu alors sous le nom de licorne et dont l'achat est rappelé dans les comptes des trésoriers généraux pour les années 1587 et 1589 : « Payé 60,000 florins valans

1. Le corps du prince, après avoir été embaumé, avait été placé dans un cercueil de plomb, enfermé dans un cercueil en bois garni de velours noir et accompagné d'une inscription. Déposée sur un lit de parade, l'effigie en cire du défunt était revêtue d'habits splendides, ornés de diamants et joyaux évalués à 532,000 écus.

2. Cette salle, longue de vingt-sept mètres, occupait tout le premier étage du Palais ducal, sur la Grand'rue, depuis l'escalier qui existe encore jusqu'à l'église des Cordeliers, emplacement de la nouvelle école municipale. La Galerie des Cerfs avait été réservée pour la solennité funèbre des 15, 16 et 17 juillet.

50,000 francs, pour l'achat et appréciation d'une licorne
que S. A. a fait prendre du sieur Peter Efferhardt. »

« Payé à M. Claude dit de Chaalons (Claude-Henriet),
peinctre de S. A., la somme de trois escus sol valans
14 fr. 5 gros, pour trois pourtraits de la licorne, dont les
deux ont estez envoyés en Italie et le troisième à Cha-
venel, au lieu de Strasbourg. »

M. Lepage, en mentionnant cette note curieuse (*Journal de la Société d'Archéologie lorraine*, année 1853,
p. 52), dit que c'est une énigme dont il demande le mot.
M. Digot (tome IV, Hist. de Lorraine, p. 402), en citant
ce fait, pense que Charles III avait parfois des caprices
très-coûteux ; en réalité, à cette époque, on tenait la licorne en estime non seulement pour le service de la table,
mais aussi comme médicament, et sa haute valeur nous
est attestée par cette boutade de Brantôme :

An 1580

« Bien pis fit un que je scay, qui vendant un jour une
de ses terres à un autre, pour 50,000 escus, il en prit
45,000 en or et argent, et pour les 5,000 restant, il prit
une corne de licorne. Grande risée pour ceux qui le
scurent. Comme, disoient-ils, s'il n'avoit assez de cornes
chez soi sans adjouster celle-là ! »

Revenons aux cérémonies du Palais ducal. Quant au
service à la Royale, il se compliquait de la présence
d'un certain nombre de grands personnages de la cour,
accompagnés de trompettes, cloches d'armes et musique
dont le service ordinaire était dispensé.

« Ledit neufiesme juin l'on commença le seruice de
table à l'ordinaire au souper en ladite salle, et depuis
jusques et partout le treizième juillet suiuant l'on continua ledit seruice par chacun jour à disner et souper.

» Quant au seruice à la Royale, on n'y seruit qu'un jour
qui fut le quatorzième de juillet au disner et au souper,
à quoy fut procedé en ceste façon : qu'ayant esté la der-
niere haulte messe celebrée en grande solennité et publié
par le Roy-d'armes l'heure que les Vigiles seroient dittes
en ladite salle d'honneur ; iceluy vestu de sa longue
robbe et par dessus sa cotte d'armes teste nue, le chaperon avallé à l'entour du col faisoit la reuerence deuant
l'effigie et puis disoit à Monsieur le grand Maistre : Monsieur le grand Maistre commandez le couuert pour feuë
son Altesse à la Royale : et lors les Fourriers dressoient
la table et alloient querre la chaire, les pannetiers la
couuroient, Monsieur le Resseingraffe Jean Seigneur de
Dimeranges qui seruoit de trenchant deffaisoit le pain,
et les Huissiers de salle dressoiēt les buffetz de panneterie et d'eschançonnerie et les couuroient de nappes,
comme le tout est plus amplement déclaré au seruice de
l'ordinaire : ce que fait ledit Roy-d'armes disoit à Monsieur le grand Maistre : Monsieur le grand Maistre allez
querre la viande pour feuë son Altesse portant vostre
baston contremont, et faites marcher deuant vous les
quatre sieurs Maistre d'Hostel portans leurs bastons
contre terre, et apres vous le sieur comte qui sert de
pannetier, et puis les aultres comtes et seigneurs ordon-
nez pour porter la viande ; surquoy ledit sieur grand
Maistre disoit audit Roy-d'armes : marchez doncques
deuant : ce qu'il faisoit portant son baston droit le tenant
par le milieu, et marchans deuant luy deux à deux les
Heraulx Lorraine et Barrois, et les poursuiuans d'armes
Vaudemont et Clermont, et estant le Roy-d'armes hors
de la salle-d'honneur, disoit aux trompettes et cloches
d'armes : marchez deuant les Heraulx et poursuiuans
d'armes, ce qu'ilz faisoient vestuz de leurs robbes le

chaperon sur l'espaule teste nue, et leurs cloches renuer-
sées : et en ceste sorte et maniere lesditz sieurs grand
Maistre, Maistre-d'Hostel, Comtes et seigneurs alloient
querre la viande vestuz de leurs longues robbes le chaperon sur l'espaule, et le bonnet carré sur la teste : et
ladite viande seruie en la cuisine estoit portée en ladite
salle-d'honneur comme ensuit. Les quatre Huissiers de
salle auec leurs baguettes vestuz de robbes de dueil le
chaperon sur l'espaule nue teste marchans deux à deux :
six trompettes et cloches d'armes après aussi deux à
deux : les poursuiuans d'armes : les Heraulx : le Roy-
d'armes seul : les quatre Maistres-d'Hostel deux à deux :
Monsieur le grand Maistre seul : Monsieur le Rheingraffe
Frideric seigneur de Neufuiller seruant de pannetier, et
puis les aultres comtes et seigneurs porteurs de la
viande, laquelle posée sur la table auec les reuerences
et credences deuës ; Monsieur de Rubaupierre seruant
d'Eschançon presentoit les bassins pour lauer en la mesme
façon qu'il est dit au seruice de l'ordiuaire, et estoit la
scruiette baillée par Monsieur le grand Maistre, et lors
le grād Aumosnier disoit le Benedicite, puis la chaire
approchée de la table par un des Mareschaulx des logis,
ledit premier seruice estoit découuert par ledit sieur
Rheingraffe Frideric seruant de pannetier : et s'estant
tenu ledit sieur grand Maistre deuant ladite table autant
qu'il conuient pour le premier seruice, il alloit pour le
second selon l'ordre sus-déclaré, lequel second seruice
porté, credencé et assis auec reuerences en tel cas requises, et le temps venu pour aller au fruict, lesditz
sieurs l'alloient querre obseruans ledit ordre. Ledit sieur
de Rubaupierre seruant d'Eschançon presentoit trois fois
à boire durant ledit repas, puis le fruict desseruy, les
bassins estoient par luy presentez pour lauer : en après

on leuoit la nappe, et ledit sieur grand Aumosnier disoit les grâces apres lesquelles commençoit le De profundis et respondoit la musique de la chambre alternatiuement[1] : et à la fin disoit ledit sieur grand Aumosnier la priere Inclina domine aurem tuam, ce qu'acheué ladite table estoit ostée et la chaire reportée aupres du lict d'hon neur, et commàdoit ledit sieur grand Aumosnier de departir le pain, vin et viande de ladite table aux pauures. Et pour l'egard du souper le seruice de table y fut fait en la mesme sorte et manière ».

Il faut rappeler maintenant un ancien usage des temps de la chevalerie, introduit par Bertrand Du Guesclin, et dont on trouve la trace dans les annales lorraines. Lorsqu'on voulait faire affront à un convive, on envoyait un héraut d'armes couper la nappe devant lui et mettre son pain à l'envers. Cela s'appelait *trancher la nappe*, et se pratiquait surtout vis-à vis de ceux qui avaient commis quelque làcheté ; « car ce n'est pas belle chose », disent les statuts des hérauts, « que ung traistre soit honnouré comme un autre chevalier ou gentilhomme[2] ». « Cestuy Bertrand laissa de son temps une telle remonstrance, en mémoire de discipline et de chevalerie, que quiconque homme noble se forfaisoit reprouchablement en son estat, on luy venoit, au manger, trancher la nappe devant soy[3] ».

1. La musique de la chambre se composait : « Premièrement, en nombre de quatorze personnes, tant voix que joueurs de luth, gnitarons et violes d'Espagne ; et secondement, les chantres de la chapelle, en nombre de vingt voix, et dix joueurs de cornets, gros-haultbois et sachoutes. »

2. La curne de Sainte-Palaye. — *Mémoires de l'ancienne chevalerie*, t. I, p. 321.

3. OEuvres d'Alain Chartier, publiées par Duchesne. Paris, 1617, in-4°, p. 451.

Dans un excellent opuscule, M. Beaupré a remis en lumière l'un des plus curieux et des plus populaires incidents de notre histoire locale[1]. L'enlèvement du duc Ferry III, sa captivité dans la tour de Maxéville et sa miraculeuse délivrance, sont des faits reconnus aujourd'hui incontestablement vrais, malgré les dénégations de Dom Calmet[2]. Revenu à la liberté, Ferry accorda leur grâce à ceux des conjurés qui étaient les moins coupables, mais il fit placer sur les tours de leurs châteaux des « enseignes et marques infâmes » que l'on voyait encore au xviie siècle, et que les descendants de ces conjurés n'avaient osé faire abattre « crainte d'encourir la commise et confiscation[3] ». La famille Des Armoises est une de celles qui furent ainsi graciées ; mais, pour rappeler la part prise par Andrian Des Armoises, seigneur de Maxéville, à l'enlèvement du duc de Lorraine, celui-ci prescrivit que, lorsqu'un membre de cette maison mangerait à la table ducale, sa place serait marquée, non par une nappe tranchée, mais par un couvert renversé, usage qui se conserva jusqu'au règne de Léopold, bien

1. *De la prison de Ferry III dans la tour de Maxéville*, par M. Beaupré, in-8°. Nancy, 1839.

2. Les assertions de Dom Calmet s'expliquent par la faveur dont jouissaient les Des Armoises sous le règne de Léopold, et aussi parce que le savant Bénédictin n'avait pas eu, sous les yeux, les fragments du manuscrit de Louis d'Haraucourt, évêque de Verdun, conservés par Mory d'Elvange. M. le baron de Saint-Vincent a essayé également de contester *la légende de Maxéville* (Mémoires de l'Académie de Stanislas, année 1853, p. xxxix). Voir sur ce sujet *Histoire de l'ancienne chevalerie lorraine*, par G.-E. Meaume, in 8°. Nancy, 1870, pages 66 et suivantes.

3. *Chronologie sommaire des ducs de Lorraine et de Bar*, par Duplessis, conseiller de Charles IV, et procureur général du Barrois. Manuscrit de la bibliothèque de M. Beaupré.

que les services rendus par les Des Armoises eussent racheté depuis longtemps la félonie de leur aïeul.

Ferry III (1251-1303) était un prince libéral, auquel le peuple lorrain dut ses premières libertés par la *mise à la loi de Beaumont* d'un grand nombre de communes du duché, cause première du mécontentement et de la conjuration des gentilshommes ou vassaux. Aussi telle était la popularité dont jouissait sa mémoire, que la vindicte publique étendit le châtiment d'Andrian Des Armoises à tous les habitants de Maxéville, complices inconscients de leur seigneur. On lit en effet dans la *Cosmographia generalis* de Paul Mérula (in-4° publié à Leyde en 1605) :

« Pagus est Marche-ville, cujus incolas perfidia aliquando in suum ducem (eum historiæ Fridericum II appellant) notatos ferunt, atque ea de causa quotiescumque cum reliquis Principibus domesticis epulant, contigit panem eis inversum apponi consuevisse[1] ».

De là aussi ce proverbe répandu dans nos campagnes, qu'un pain, posé sur la table, et renversé sur sa croûte supérieure, dénote *trahison*[2], mais nul de ceux qui répètent aujourd'hui ce vieux dicton ne se doute qu'il a pris naissance dans la légende de Maxéville.

1. Le *Ménagier de Paris* nous apprend en effet qu'après la *desserte* (compotes, fruits et dessert) et *l'issue* ou sortie de table composée d'hypocras et d'une sorte d'oublie dit *mestier*, les convives se lavaient les mains, disaient les grâces et passaient dans la *chambre de parement* ou salon. C'est alors que les domestiques succédaient aux maîtres et mangeaient les restes, dans la salle même du festin.

2. On annonce, suivant M. Richard (traditions populaires de l'ancienne Lorraine), un malheur prochain pour le maître de la maison. Dans ce cas, le charme est détruit, si celui qui entame le pain fait avec le couteau un signe de croix sur la croûte inférieure, appelée *croûte des filles*, par opposition à la partie supérieure, nommée *croûte des garçons*.

V

LA VIE PRIVÉE ET LES MENUS BOURGEOIS.

—

La plupart des festins auxquels un précédent chapitre
a convié le lecteur, se distinguaient surtout par une
profusion immodérée qui n'est plus aujourd'hui dans
nos mœurs ; cependant ni les Lorrains ni leurs princes
ne méritent les reproches d'intempérance et de glou-
tonnerie qu'il est d'usage, à tort ou à raison, d'adresser
à leurs voisins des bords du Rhin.

En dehors des circonstances exceptionnelles, dans
lesquelles ils considéraient comme un devoir, pour eux,

de déployer une magnificence toute royale, nos ducs vivaient de la manière la plus sobre et la mieux ordonnée. René d'Anjou lui-même, ce prince artiste et d'un caractère chevaleresque, qui, dans sa *joyeuse emprise*, avait éclipsé le luxe du roi de France, se contentait, dans les temps ordinaires, du régime d'un gentilhomme dont la dépense moyenne ne dépassait pas vingt florins par jour. Voici, en effet, dans quels termes il arrêtait, le 17 septembre 1461, avec son maitre d'hôtel, les frais genéraux de sa maison et de celle des princes du sang, alors qu'après avoir remis la Lorraine à son fils Jean, il restait toujours duc de Bar, comte de Provence, et surtout roi de Naples et de Sicile, de Jérusalem, de Hongrie, etc. « Sur le faict de la despense ordinaire et pourtant que touchant nostre plat, eussions appoincté et affermé à notre amé et féal conseiller et M^e d'hostel Jehan de la Sale, de nous fournir de toutes choses nécessaires touchant nos despenses ordinaires, pour la somme de vingt florins de monnoie de nostredit pays de Provence, par jour, à commencer du premier jour de may dernier passé, et semblablement pour le plat de nostre très chère et très aimée sœur et compaigne la reine et pour aulcunes de ses dames, damoyselles et femmes de chambre, pour la somme de vingt cinq florins par jour, et pour nostre fille la comtesse de Vaudémont et ses enfans pour la somme de iiij mille florins par an ; lesquelles despenses cidessus mondict M^e d'hostel a faictes et continuées ; c'est à savoir pour nostre personne depuis le 1er jour de may jusqu'a xve jour de juin en suyvant, que sommes partis de Marseille pour le voyage que avons faict à Gènes, qui sont xlv jours, montant, à la raison de vingt florins par jour, à la somme de ix^c fl. et pour ma dite compagne, etc. »

C'est sur ces bases que le successeur de Guillaume Réal établissait son compte et en donnait décharge[1]. Louis XVIII, qui aimait à voir clair dans ses affaires, avait calculé, dit-on, qu'un œuf à la coque, servi sur sa table, lui revenait à dix-huit francs. A ce compte, Jehan de la Sale ne devait fournir « le plat » du roi de Sicile que dans les conditions d'une frugalité exemplaire.

Le curieux récit de Volcyr nous a permis d'assister à l'une des plus brillantes fêtes du règne d'Antoine ; un manuscrit plus modeste, mais non moins exact, nous initiera aux détails de l'intérieur de la maison ducale.

Au mois de mai 1526, *le bon duc* habitait avec sa famille l'ancien château de Lunéville. Jacques Du Chahanay, sieur de Saint-Mard, était alors son chambellan et maître d'hôtel. Cet officier tenait, jour par jour, et avec la ponctualité d'un comptable émérite, l'état des dépenses faites sous sa direction, et ce curieux document révèle toute une série de particularités. En tête de chaque journée, sont inscrits tous les membres présents de la famille, puis un paragraphe spécial est consacré à la panneterie, à l'échansonnerie, la cuisine, la fruiterie, l'écurie et la fourrière.

Il suffira d'indiquer les points principaux d'une des pages de ce cahier pour donner une idée de son ensemble et saisir l'intérêt qu'il présente.

D'après l'article *Panneterie*, la moutarde et la salade sont des aliments de première nécessité ; la fourniture quotidienne en est invariable et précède la livraison, également fixe, des pains de bouche et du pain commun

---

1. *Archives de la Meurthe*, layette Bar, mélanges II. — La valeur du florin variait entre deux francs et xx gros (3 fr.) Rogéville, t. II, p. 96.

consacré aux *tranchoirs*. Parmi les fournisseurs, l'apothicaire joue un grand rôle : chaque matin il détaille le
poivre, la canelle, le fin sucre et l'huile d'olive, non
compris les drogues exigées, le cas échéant, et l'on com-
prend dès lors comment ses mémoires peuvent atteindre
des proportions qui en ont fait proverbialement des mo-
dèles du genre[1]. Le même paragraphe constate qu'on
appréciait beaucoup certains petits fromages de lait de
brebis, qui ne devaient peut-être leur succès qu'aux
préférences personnelles de Renée de Bourbon. On sait
en effet que, par un acte du 1er octobre 1520, le duc
Antoine avait donné, à son épouse, la terre de Gondreville, parce que cette princesse aimait à y séjourner.
Renée, de son côté, pour attirer le donateur, avait fait
établir en ce lieu une garenne de quarante jours, dans
laquelle se multipliaient les *connins*. Mais ce qui distinguait ce domaine, outre le palais et le parc, c'était une
bergerie modèle, de 500 moutons, et dont les fromages se
plaçaient dans les villes voisines. Dans le but de faciliter
leur fabrication, les statuts spéciaux de la confrérie inter-
disaient même aux bouchers de Gondreville « de vendre
brebis laictières, dès le premier jour de juing jusques
à la Nostre Dame de septembre, pource que c'est le temps
où elles reçoipvent le bellier, sous la peine de vingt solz
pour chacune desdictes bestes qui se trouveront tuées[2] ».

Le second article du journal, *l'Eschansonnerie*, donne
la carte des vins en usage. Les crus de Houdreville y figu-

---

1. Dans les dépenses ordinaires de Charles III, les *parties*
d'apothicaire et les mémoires arriérés du même, s'élèvent à la somme
totale de 18,271 fr. 14 gros 8 deniers, en l'année 1600. — (Digot,
Histoire de Lorraine, t. **V**, p. 462.)

2. *Les Communes de la Meurthe*, par H. Lepage, t. **I**, p. 425.

rent au rang de *grand ordinaire* entre les vins blancs d'Alsace et les clairets du Barrois, tandis que les vins de Rosières ne servent qu'à la livrée, comme vin commun de pays.

A la *cuisine*, Françoys Lemaistre et Philippe de Lamothe comptent les quartiers de bœufs, dépècent les moutons et apprètent la nourriture la plus substancielle, puis « Petit Jehan, pastissier de Monseigneur, et son compaignon » façonnent « pastez petits et grands de viandes de toutes sortes, chevraulx et pigeons, levraulx et petits oyseaulx ».

Il ne faut pas chercher de primeurs à la *fruicterie*; le nom et la chose y sont parfaitement inconnus; parfois quelques pommes et des poires expédiées de Nancy ou Nomeny, toujours abondance de chandelles; trente et une livres à la fois livrées par « le bouchier »; cette consommation énorme, dans les plus longs jours de l'année, ne s'explique que par l'obligation d'éclairer durant la nuit le guet et les postes du château.

Enfin, on compte à *l'écurie* cent cinquante-six chevaux moyens, mules et mulets, plus dix-huit grands chevaux pour le trait et les voyages.

Voici, d'ailleurs, prise au hasard, l'une des pages de ce manuscrit :

« Dimanche xxme jour de May, Monseigneur le Duc, Madame la Duchesse, Monseig^r le Marquis, Mademoyselle Anne, Mademoyselle de Guise avecque leurs trayns à Lunéville et Nicolas Mous^r à Bar.

PANNETERIE.

Pour moutarde......................	ɪ gros vɪɪɪ deniers.
Pour sallade........	1 gr. ɪɪɪj d.
Pain de bouche d'un jour..	xlɪɪɪ douzaines.

Pain de commun ledict jour .... iiij pesées et demy.

A Loys Le poix appoticaire de Monseigneur,
pour une livre huille d'olif....... .... i gros iiij deniers.

A luy pour une livre et demy fin sucre..... x gros iiij d.

A luy pour deux livres pouldre de Damas.. iiij gr. iiij d.

Pour douze fromages de bergerie à raison
de 11 gros 4 deniers l'un, montant ensemble
pource à .... 11 fr. iiij gros.

ESCHANÇONNERYE.

Du vin blanc de Saincte Ypolyte p. ce jour....... iii sextiers.

Du vin cleret venant de la vigne de Houdreville.. . iii sex^{ers}.

Du vin cleret de Baulne. compte du dernier du no-
vembre dernier passé, achepté de Jehan Maillet... . i st^r.

D'une demi queue vin cleret de Barrois acquis ci-
dessus sur Jehan Marcol p. ce jour............ vi st^{rs} et demy.

Du vin clert de Neufchastel compté cidessus sur
Nicolas Hugues dudict lieu ce jour....... .... ix st^{rs}.

Un virlin vin rouge de païs acquis sur François de
Rozières cejour...................... .... ii pots iii st^{rs}.

....

CUISINE.

A Francoys Le Maistre et Philippe de La-
mothe pour deux quartiers de bœuf cejour... vii fr. iij gros.

A eulx pour xxv moutons despencez...... xxxi fr. iii gr.
comprins deux gigots ronds au pâtissier et vi
hault coste aux mallades.

A eulx pour trois veaulx............... iii fr. iii gr.

A eulx pour quatre chevraulx........... xii gr.

A eulx pour douze chappons........... ii fr. iii gr.

A eulx pour xviii poullets et pigeons com- iiii fr. i gr.
prins pour un pasté.

A eulx pour xvii livres de lard.......... iiii fr. x gr. xii d.
comprins trois livres au pâtissier pour larder.

A eulx pour xi liv. chair sallée............   vi gr. iiii d.

A eulx pour sept ventres de veaulx.......   vii gr.

A eulx pour douze livres de gresse .... ..   ix gr.

A eulx pour quatre livres bœurre nect.....   vi gr.

A eulx pour deux cens dœufs............   ix gr.

A eulx pour deux houllons. ....   i gr. viii d.

A eulx pour les jarretz de trois veaulx....   i gr. ii d.

A eulx pour teste et ventre de iiij chevraulx.   i gr.

Petit Jehan pâtissier de Monseigr et son compagnon pour façon de quatre douzaines de petits pâtés ....   vi gr.

A eulx pour façon de cinq pastés de chevraulx........... ....   15 gr. xiiii deniers.

A eulx pour façon de sept pastez de pigeons.   ii gr. x d.

A eulx pour façon de douze pastez petits oyseaulx............................   xii gr.

A eulx pour façon d'ung pasté de levrault..   vi d.

Loys appoticaire pour une livre gingembre.   xv gr.

A lui pour une livre poivre............ ..   xiii gr.

A lui pour une livre saffran ....   ii fr. iii gr.

FRUICTERIE.

Aux sieurs Bouchiers pour trente et une livres chandelles de suif despencez cejour pour comprins l'échançonnerie une livre.   iii fr. xii gr. xii d.

ESCUYRIE.

De l'avoine venant de la Recepte du recepveur de Lunéville cejour pour fourrière de vii vingt xvi (156) chevaulx que mulles et mulletz de Monseigneur le Duc et Madame la Duchesse et de Monsieur le Marquis pourquoi ....   xij resaux.

Et pour surcroit....................   ii resaux iii imaux.

Pour avoine venant de la Recepte du rece-

veur de Vézelise **x** imaux cejour pour fourrière de **xviii** grands chevaux d'escuyrie de
monds^r estant audit lieu, pource............ **i** resal **viii** imaux.
    Et pour surcroit................ .... **iiij** imaux.

FOURRIÈRE.

    Pour la despence d'Alexandre-Antoine de
Villotte, François de Bourbon, Chrestien de
Blenod et Claudon Mareschal, tous pallefre-
niers estant audit lieu de Vézelise avecque les
grans chevaux................ .... **xii** fr.
    Pour la despence de l'ayde des pallefreniers, **i** fr. **viii** gr.
somme du jour, argent soixante-sept francs
onze gros quatorze deniers.

J -S. **Chahanay**.

En feuilletant le reste du journal, on trouve tantôt
l'achat des poudres et espices pour faire l'hypocras. —
Plus loin, l'apothicaire vend 5 francs 6 gros un pain de
sucre-gros pesant huit livres et demie ; ailleurs, c'est le
maréchal qui « rhabille les paelles de cuisine » (étamage
de cuillères) ; enfin certaines mentions établissent que
les toiles et linges de la maison venaient de la Champagne, l'industrie du tissage n'existant encore dans les
Vosges qu'à l'état rudimentaire et pour les besoins locaux. Autre indication : ce n'est point au commerce
de Nancy que le maitre d'hôtel demande certaines fournitures ; ce sont les riches marchands de Saint-Nicolas-de-
Port qui se chargent de faire venir les articles étrangers.

En un mot, il n'est presque pas une page du livre de
Chahanay[1] qui ne contienne des renseignements utiles
sur une foule de détails de la vie privée au xvie siècle.

1. *Archives de la Meurthe*, B. 1036, cahier in-folio de 80 pages.

Les financiers ont toujours passé pour amis de la bonne chère et « gens à ce cognoissant ». Il ne faut donc pas laisser échapper l'occasion de les voir à l'œuvre.

Sous la double présidence de Bassompierre et de Beurges, membres de la Chambre des Comptes, des commissaires se réunissent, le 22ᵉ jour de septembre 1547, pour « jecter et composer l'ayde de Saint-Remy, accompaignez des recepveurs, prévotz et autres officiers des prevostez d'Einville et de Lunéville, en la maison du Sʳ Salpètre, maire » de cette dernière ville. Ce qui nous reste des opérations auxquelles se sont livrés ces estimables officiers, c'est l'état de leurs dépenses [1], dressé par le maire qui, n'étant pas assez riche pour payer l'honneur de recevoir ces fonctionnaires, s'en est fait rembourser le montant, s'élevant au total à trente francs douze deniers, monnaie de Lorraine ; état dans lequel tout a été minutieusement compris, même le pourboire « des valetz et chamberrières vj gros, avec le boys et desarroy de la maison ij fr. iij gros ».

Le menu se compose de nombreuses pièces de résistance destinées à des appétits robustes, mais en même temps il soulève certains problèmes gastronomiques que nous ne nous chargeons pas de résoudre. Pour bien déguster le gibier, généralement on le sert rôti ; de la venaison, le queux de Bassompierre fera des « pottaiges ». — Qui de nous ignore ce brocard ? *faute de grives on prend des merles.* Ce n'est pas l'avis des dineurs de Lunéville ; ils croquent à belles dents deux douzaines de merles, et pas une grive n'apparaît sur leur table. Après tout, c'est au temps peut-être qu'il faut

1. *Archives de la Meurthe,* B. 6661, 1546-50.

attribuer ces incertitudes. La réception de Salpêtre avait lieu sous la régence de Christine de Danemarck, quelques années avant que l'art culinaire entrât dans une voie de véritable progrès.

Suit le détail de cette note s'appliquant au « disner et soupper du jeudi xxij^e jour de septembre : »

Pour pain..	xviij gros.
Pour vin..	iij francs et demi.
Pour deux gigots de mouton...............	vij gros 1/2.
Pour deux espaules mouton	viij gr. 1/2.
Pour iiij pièces de bœufz	vij gr. 1/2.
Pour deux chappons boullys...............	xij gr.
Pour trois pastelz de venaison	x gr. 1/2.
Encore deux pastelz de poulletz...........	vj gr.
Trois pastelz de liepvres...................	ix gr.
Pour venaison en pottaiges...............	vj gr.
Pour ij perdrix..........................	ix gr.
Pour deux douzaines merles...............	ij gr. 1/2.
Pour iiij poulletz rostys	vj gr.
Pour vij livres lart.......................	vj gr.
Pour tartes, fromaiges, raisins et autres choses	xvj gr. 1/2.

Vient ensuite la liste des fournitures, accessoires pour les gens de service.

Ce qui pourrait étonner aussi, c'est que, sur une table chargée de tant de mets, les convives n'ont pour s'abreuver qu'une seule espèce de vin, dont la consommation s'est élevée à iij francs 1/2. Il est probable que la récolte des dernières années avait été abondante, et que la régente avait jugé à propos de remettre en vigueur une ancienne ordonnance rendue par René en 1436, et aux termes de laquelle, dans le but de favoriser la culture

des vignes et le commerce de leurs produits, l'introduction des vins étrangers était formellement interdite à
peine de vingt sols tournois d'amende [1].

Bien que capitale du duché, Nancy n'acquit une véritable importance que sous le règne de Charles III. Ce
prince parvint à en faire, non seulement une place considérée comme l'une des plus fortes du monde, il sut la
rendre riche et florissante par le commerce, l'industrie
et les beaux-arts. C'est ainsi que cette ville, doublée
d'étendue en moins de vingt ans, réunissait, dans son
enceinte, des établissements de tous genres, tels que
manufactures de tapis de haute-lisse, tissages et teintu-
reries et de soie, fabriques de chapeaux, de savons, de
fil de fer, ateliers de cuivre repoussé, etc. Enfin les
peintres, les graveurs, les sculpteurs, les architectes, les
batteurs d'or, les tailleurs de diamants, rubis et pierres
précieuses formaient, dans cette cité, une pléiade d'artistes et d'ouvriers habiles, capables de rivaliser avec les
célébrités de la capitale du royaume de France [2].

Au milieu de tous ces progrès, le luxe et les recherches de la table atteignaient de grandes proportions, et
parmi les sommités artistiques et industrielles attirées
à Nancy, on remarquait même un Italien, Bartholomé
de Cérizelli, « renommé faiseur de cervelas et salcissons
à la façon de Milan [3] ».

Dans un pays que la nature a comblé de ses faveurs,
les rivières et les forêts, plus peuplées que de nos jours,
fournissaient le poisson et le gibier en abondance. Sur
les marchés de la ville, « tant la vielle que la neufve »,

1. Dom Calmet, t. III, col. ccclxxxv.
2. Lionnois, *Hist. de Nancy*, t. I, p. 469.
3. *Archives de Nancy*, H. Lepage, t. I, p. 198.

il était facile de se procurer, à bon compte, en venaisons, volailles et poissons, des pièces capables de réjouir les estomacs les plus raffinés. Le tarif suivant affiché en vertu d'une ordonnance du 10 janvier 1583, donne une idée de la variété et de la distinction des approvisionnements ; mais pour apprécier la cote du marché, nous devons préalablement rappeler que le gros valait trois sous quatre deniers et le franc barrois deux livres quatre deniers [1].

L'oye sauvage de	12	gros à 40	sous.
Le crineau	15	— " 50	"
Le faisan gentil	12	— " 40	"
Canard de rivière	4 1/2	— " 14	"
La cercelle	4	— " 13	"
Perdrix. Perdreau	3	— " 10	"
12 grives ou merles, de la vendange à la Toussaint	4	— " 13	"
12ne d'alouettes	4	— " 13	"
La caille d'herbe	1	— " 3 1/2.	
Le vanneau	3	— " 10	"
Petit levreau	8 deniers	" 1 1/2.	
Lapin, lapereau.	6	— " 1	"
La grue	15	gros " 50	"
Le faisan bruant	15	— " 50	"
Gélinote de bois	8	— " 27	"
Le bise	3	— " 10	"
La tourte	11	— " 46 1/2.	
Bécasse et rale	2	— " 7	"
12ne de grives et merles jusqu'au carême.	6	— " 20	"
La caille grasse	2	— " 7	"
Le plumier	4	— " 13	"
Le ramier	4	— " 13	"
Moyen lièvre	1	— " 3 1/2.	

1. Lionnois, *Histoire de Nancy*, t. I, p. 65, et t. II, p. 95.

Par un autre règlement du 7 janvier 1594, un maximum fut imposé au prix des pièces suivantes :

Le gros faisan bruant..........	33	gros à	5	livres	10	sous.
Le faisan gentil...............	12	—	»	—	40	»
L'oye sauvage.................	12	—	»	—	40	»
Cercelle, gauvereau.............	5	—	»	—	17	»
Plumier, vanneau.............	5	—	»	—	17	»
Le perdreau..................	6	—	»	—	20	»
Bécasse à Noël...............	8	—	»	—	27	»
La tourte grasse.............	10	—	»	—	33	»
Le ramier...................	5	—	»	—	17	»
12^{ne} d'allouettes de septembre à la Toussaint..................	6	—	»	—	20	»
12^{ne} de merles	9	—	»	—	30	»
Paire de pigeonnaux..........	3	—	»	—	10	»
La poule d'Inde..............	24	—	4	—	»	»
Le poulet d'Inde.............	9	—	»	—	30	»
Le haironneau...............	2	—	»	—	7	»
Le grand oison gras..........	12	—	»	—	40	»
La bonne poularde............	7	—	1	—	3 1/2.	
Le chapon lardé.............	16	—	2	—	13 1/2.	
Le grand Huton d'eau..........	6	—	1	—	»	»
12^{ne} d'oisillons..............	4	—	»	—	13 1/2.	
Lévreau d'un pied...........	7	—	1	—	3 1/2.	
Le bon lapin................	12	—	2	—	»	»
Gros cochon de lait..........	9	—	1	—	10	»
Le grand chevreau	12	—	2	—	»	»
Le bon agneau	10	—	1	—	13	»
Le moyen agneau............	30	—	5	—	»	»
La grue....................	18	—	2	—	10	»
Le canard sauvage	6	—	1	—	»	»
Gélinote de bois	15	—	2	—	10	»
La perdrix..................	9	—	1	—	10	»
Bécasse à la Saint-Remy	5	—	»	—	17	»
Bécasselle ou ralle	3	—	»	—	10	»

La tourte maigre............ ..	3	gros à »	livres	10	sous.
Le biset...................	3	— »	—	10	»
12ne d'alouettes jusqu'au carême.	12	— 2	—	»	»
La caille........	1	— »	—	3 1/2.	
Le gros coq d'Inde............	36	— 6	—	»	»
Hanton d'eau d'Inde...........	6	— 1	—	»	»
Le hairon...................	6	— 1	—	»	»
L'oye domestique.............	15	— 2	—	10	»
Le bon chapon................	14	— 2	—	7	»
La poule commune............	7	— 1	—	3	»
Paire de poulets	4	— »	—	13 1/2.	
Bonne poule lardée.....	8	— 1	—	7	»
Le lièvre...................	9	— 1	—	10	»
Le plus petit	3	— »	—	10	»
Le grand lapereau............	8	— 1	—	7	»
Le moindre	7	— 1	—	3	»
Le moyen	6	— 1	—	»	»
Le plus petit................	4	— »	—	13 1/2.	

En présence d'aussi magnifiques assortiments, on était
disposé à imiter les étrangers accourus à Nancy et à faire
bombance plutôt qu'à se livrer au jeûne et à la tempé-
rance. La broche et la rôtissoire fonctionnaient en per-
manence dans les boutiques adossées aux murs de l'église
Saint-Epvre, et surtout les succulents étalages de la rue
des Rôtisseurs, entre Saint-Sébastien et la grande maison de l'Auditoire[1], livraient des assauts à l'appétit et
mettaient la gourmandise à l'épreuve. Ajoutons que, dans
ce temps-là, les prix annoncés n'étaient pas un vain

1. Non loin de là, il existe encore aujourd'hui, au sud-ouest de la
place Mengin, une série de petites maisons occupées par des cabarets et des restaurants à bon marché, dont la concession fut faite par
la ville le 22 août 1764 au s^r Mengin, lieutenant général du bailliage,
lequel a donné son nom à la place établie sur l'emplacement de l'ancien hôtel de ville. (*Archives de Nancy*, t. III, p. 146.

appât pour la convoitise; les statuts de la Rôtisserie
mulctaient d'une amende de dix francs barrois ceux qui
mésusaient, et les officiers du Bailliage, en vertu de leur
pouvoir discrétionnaire, avaient même condamné à cent
livres, monnaie de France, un fournisseur coupable
d'avoir surfait, en l'année 1623, une poule rôtie, au-delà
du taux fixé par les ordonnances[1]. Aussi on ne se contentait pas, « en un disner ordinaire, d'avoir trois services,
premier de bouilly, second de rosty et troisième de
fruict », mais encore il fallait « d'une viande, avoir cinq
ou six façons, avec tant de saulces, de hachis de patisce-
ries, de toutes sortes de salmigondis et d'aultres diversitez
de bigarrures, qu'il s'en faisoit une grande dissipation ».
L'auteur anonyme[2] de ces doléances, applicables à la Lorraine aussi bien qu'à la France, ajoutait : « Enfin chascun aujourd'hui se mesle de faire festins, et un festin
n'est pas bien fait s'il n'y a une infinité de viandes sophis-
tiquées pour aiguiser l'appétit ».

Charles III qui, personnellement, vivait d'une manière
très-sobre, malgré l'état somptueux de sa maison, voulut prévenir ces débordements. Déjà Charles IX, roi de
France, venait de défendre de servir dans un même repas
« chair et poisson ». Son ordonnance ne permettait,
pour les noces et festins, que trois services, y compris le
dessert, de six plats chacun. Le duc de Lorraine alla
plus loin que son beau-frère ; par une ordonnance du 10
janvier 1583, il défendit : « Qu'en quelque festin de noces
ou autre banquet que ce soit, fait en maison privée ou

1. *Archives de Nancy*, t. I, p. 326, et t. III, p. 146, 224 et 236.

2. *Discours sur les causes de l'extrême cherté qui est aujour-*
d'hui en France et sur les moyens d'y remédier. (In-8° Paris.
1574.)

hôtellerie, il y ait plus de trois services, savoir : les entrées de table, la chair ou le poisson et le fruit ou la desserte ». Les officiers, est-il ajouté, qui auront été aux
tables et festins où le règlement aura été enfreint, seront
tenus de dénoncer le fait aux prévôts, procureurs ou à leurs
substituts, dans trois jours après, à peine de cinquante
francs d'amende et de suspension de leur état ; il fixait
en outre le menu de chaque service, suivant la condition
sociale de ses sujets : « Qu'aux festins de nôces entre
paysans, gens de labeur et autres de telle condition, on ne
serve d'aultre viande que de bœuf, mouton, veau et porc,
et pas plus de six plats d'assiette à 8 personnes » ; les artis-
sans, « gens mécaniques et ceux qui n'ont autres rentes
ni moyens que de ce qu'ils peuvent gagner de leurs œuvres manuelles » n'avaient droit également qu'à six plats,
mais ils avaient le choix de joindre au bœuf et au mouton
les pigeons, les oies et les poulets.

Les marchands merciers, vendant au détail, et leurs
similaires, les tabellions, sergents de bailli, et les maires
et échevins des villages pouvaient aller jusqu'à huit plats.

Puis venaient ceux qu'on regardait comme occupant
le rang le plus élevé parmi les roturiers, les *marchands
grossiers* ne tenant boutique ouverte et ne vendant en
détail. Ceux-ci avaient droit à neuf plats par service, dont
trois à leur choix, c'est-à-dire qu'ils pouvaient s'offrir du
poisson et du gibier.

Dix plats, dont six de viandes et quatre au choix,
étaient octroyés à chaque service de ceux qui avaient
« grade de noblesse, vivant noblement sans charge d'aucun office », et les officiers de justice ès villes et bourgs.

Les officiers de justice, décorés en outre du grade de
noblesse, vivant dans les villes et bourgades, pouvaient

faire dresser à chaque service, douze plats, dont six des espèces de chair, poulailles ordinaires, les autres à volonté.

Les seigneurs et les gentilshommes étaient affranchis de toute règle, c'est-à-dire qu'il leur était loisible d'avoir plus de douze plats à chaque service, au total, plus de trente-six plats dans un festin ; et, le motif de cette exception, c'est parce que, porte l'ordonnance, « l'intention de S. A. n'est d'ôter aux personnes de qualité et moyens, le pouvoir de traiter èsdits banquets et festins leurs parents et amis honorablement et de s'y *esjouir en toute modestie*, décence et honnêteté, ains de retrancher principalement les superfluités et excès qui se commettent èsdits banquets entre les paysans et autres personnes de peu de moyen, de basse et de petite condition[1] ».

Ces prescriptions n'auraient opposé à la gourmandise qu'une barrière illusoire, si l'importance de chaque plat n'avait été limitée, et si une forte amende n'avait été édictée contre la prodigalité des amphytrions et la voracité de leurs convives ; aussi l'ordonnance de 1585 se terminait par les dispositions suivantes :

« Qu'en chaque plat, ne pourront les viandes être servies que d'une sorte et sans les doubler ; comme : ne devront être servis deux chapons, deux poules, deux lapins, deux lapreaux, deux bécasses et autres pièces semblables. Quant aux poulets, se pourront servir jusqu'à trois ; pluviers et vanneaux jusqu'à deux ; allouettes une douzaine ; grues demi-douzaine et de bécassines et autres espèces semblables jusqu'à trois ou quatre, sans plus, à peine de deux cents francs d'amende ou aultre arbitraire plus haute. »

1. Lionnois, *Hist. de Nancy*, t. I, p. 69 et 70, et t. II, p. 103.

En exhumant aujourd'hui la police des banquets du
xvie siècle, il n'entre pas dans notre pensée de nous in-
surger contre la tyrannie du prince, et ce serait un tort
de s'écrier avec le poëte : *Sic vos non vobis* ! le souverain prêchait surtout par l'exemple ; dans l'intérieur de la
famille et après les réceptions officielles, le service était
des plus modestes. L'état des dépenses de son maître
d'hôtel, Philippe de Rarécourt, en l'année 1586, prouve,
en effet, qu'en temps de carême, la morue, le hareng
saur et quelques poissons composaient, avec la quiche et
des échaudés, tout le menu de la table ducale.

Les Nancéiens entrèrent-ils franchement dans ces
voies de réforme épulaire ? Si l'on en juge, par le plaisir
secret qu'éprouvent leurs descendants à manger du
gibier, en temps prohibé,

    « C'est l'éternel attrait de tout fruit défendu, »

Il est permis de croire que, tout en respectant l'ordonnance de 1583, ils saisissaient avec empressement les
occasions de festoyer quand ils n'étaient pas en opposition directe avec la lettre des règlements. Ainsi, il avait
été question de festins de noces ou de banquets, mais les
repas donnés par suite de l'élection d'un maître dans
une corporation, devaient-ils être soumis aux restrictions
imposées par Charles III ? Il paraîtrait que les pâtissiers
notamment avaient pris l'habitude, lorsqu'un compagnon était élevé à l'honneur de la maîtrise, de lui imposer
des chefs-d'œuvres multipliés et d'en faire l'objet d'un
gala, sous prétexte de se livrer à une appréciation plus
complète des talents de l'élu. Avec autant de prévoyance
que de sagacité, le rédacteur des lettres d'institution de
la corporation des pâtissiers et boulangers, stipula formellement, par acte du 14 mai 1602 « que le droit de

han serait de trente francs, sans aulcun festin ni banquet, sinon des parents et alliez, à peine de dix francs contre un chacun de ceux qui y auront assisté et d'estre, celui qui se présente à ladicte maîtrise, déclairé incapable d'icelle[1].

Dans tous les cas, l'administration municipale, se fit un devoir d'affirmer solennellement sa soumission aux nouveaux principes. Pour la première fois, les bourgeois de Nancy venaient d'élire douze d'entr'eux « d'entière réputat'on et bonne expérience, pour délibérer selon les occurences des affaires. » La séance d'installation de ce premier conseil de ville, fut suivie, le 7 janvier 1594, d'une collation dont la simplicité était édifiante. Chaque conseiller reçut un biscuit et une rasade de vin rouge, il eut en outre, à discrétion, des poires tapées et des damas secs[2], déposés, en deux paniers, sur la table des délibérations.

Soucieux, comme son père, des intérêts de ses sujets, Henri II, par des lettres patentes du 26 octobre 1610, remit à exécution l'ancienne ordonnance de 1436 pour « contenir les hostelains, taverniers et les bourgeois en leur debvoir, d'user des vins crûs en ses pays, qu'il a plu à la bontê de Dieu, donner pour ladite année 1610 en notable quantité et bonté, et n'abuser des (vins) étrangers qu'ils achètent à prix excessif et démésuré, pour servir aux appétits désordonnés de ceux qui les recherchent au préjudice de leurs facultés et moyens et de leurs familles. »

1. *Archives de Nancy*, t. IV, p. 161.

2. *Archives de Nancy*, t. I, p. 222, t. II, p. 192. Damas, sorte de prunes de qualité médiocre.

Comprenant, toutefois, combien ces prescriptions sévères pourraient troubler de pieuses digestions ou déran-
ger les habitudes de certains estomacs de qualité, le bon
prince excepta de la règle « les vins d'Espagne et mus-
quats qu'il entend n'être comprins en ladicte ordonnance »
et il se contenta de défendre « à toutes personnes, autres
que gens ecclésiastique et de noblesse, d'en acheter et
vendre, à peine de confiscation[1]. »

1. Lionnois, *Hist. de Nancy*, t. II, p. 102.

VI

LES MAÎTRES RÔTISSEURS DE LA CONFRÉRIE DE SAINT-LAURENT.

Rivalité des bouchers et des charcutiers. — Intervention du prince.
— Création de la confrérie de Saint-Laurent à Pont-à-Mousson
et à Nancy.

—

« Le cervelas, toujours, sut plaire à la jeunesse. »

Les nombreux étudiants de l'Université de Pont-à-
Mousson[1] avaient mis en vogue quatre honnêtes bourgeois, Pierre Charlot, Nicolas Garaudel, Pierre Labrenos
et Jean Vinot, qui « depuis quatorze à quinze ans en ça
faisoient faction de rôtisseurs au dict Pont, et où ils
s'estoient toujours acquitté fort fidèlement dudit estat,
tant à l'égard de la cuite des viandes, que de la vendition
de toutes sortes de gibier selon l'occurrence du temps,
ayant mesmement accoutumé de tuer, en leurs maisons,

---

1. A la rentrée de 1594, il y avait neuf cents élèves, non compris
les étudiants en droit et en médecine ; ce nombre s'élevait à quinze
cents en l'année 1603. *Histoire de Lorraine*, par Aug. Digot,
t. IV, p 339 et 340.

taurades et cabris pour les vendre en leurs boutiques, comme aussi de faire saulcisses, saulcissons et cervelats. »

Tel était le succès de ces fournisseurs des écoles, que les viandes fraiches furent dédaignées et les étaux menacés d'un ruineux abandon. Les bouchers en pâlirent de rage et, jurant de se venger des heureux rôtisseurs, ils prétendirent que ces derniers violaient les droits et priviléges de leur maitrise, octroyés, en l'année 1556, par ordonnance du duc Nicolas de Lorraine. Se faisant juges dans leur propre cause et s'armant d'une interprétation abusive du principe : *le droit prime la force...* des choses, ils pratiquèrent une saisie générale, une razzia complète, des marchandises étalées par Charlot et consorts. Mais laissons encore la parole aux plaignants eux-mémes :

« Ores que les dicts maitres Bouchiers ni autres de la boucherie du dict Pont, ne facent saulcisses ni saulcissons, se seroient ingérés de se saisir de quelques saulcisses qu'ils auroient mis en vente, les tenant confisquées, disant être défendu aux dits bourgeois ou aultrement ne leur estre loisible de tuer chair pour en vendre, moins de vendre aulcune chair de taurades, cabris ni de porcs en saulcisses, saulcissons et cervelats, qu'ils n'ayent du moins achepté la chair auprès d'eux les dits maitres Bouchiers. »

C'est dans ces circonstances critiques que nos quatre Mussipontains résolurent d'en appeler à l'équité de Henri II.

Dans leur requête, ils exposaient « y avoir ordonnance sur le fait des bouchiers, laquelle ne se pouvoit entendre que pour chair fraische et non qu'elle défende aux rôtisseurs les taurades et cabris qu'ont passé par le feu, mesme exposés en vente, que premièrement ils ne soient lardés, et les saulcisses sallées et espicées, causes pour lesquelles se voyant ainsi troublés » ils avaient recours vers les grâces de S. A. « la suppliant très-humblement de leur faire lever les dits troubles et empeschements et jouir paisiblement de leurs dites faction et estat de rôtisseurs comme du passé, sans aulcun trouble des dits bouchiers, et qu'il leur soit loisible de vendre, depuis le jour de St Luc, saulcisses, saulcissons, cervelats et jambons frais sallés, comme aultres rôtisseurs du pays ont accoustumé. »

Dernier et irrésistible argument pour le souverain qu'on savait toujours à court d'argent, ils offrirent de « payer chacun quatre escus pour une fois au profit du domaine ducal, à condition que si d'aultres se veuillent mesler dudit estat, ils soient aussi obligés de contribuer chacun pareille somme. »

Les remontrants demandaient en outre la permission « de faire élection d'un maistre, entr'eux, suffisant et capable pour visiter et avoir l'œil sur les viandes qu'ils exposent en vente, afin d'empescher la vendition des vieilles gastées et corrompues, qui pourroient causer maladie à ceulx qui en useroient ; comme aussi pour, par ledit Maistre, estre recognu la capacité d'aulcuns particuliers que cy après se voudroient se mesler de ladite faction, lesquels seront tenus avant qu'y estre receus, de faire chef-d'œuvre en présence des dits remontrans. »

Henri II ayant « eu d'abondant bening esgard à ceste supplication » signa, le 18 décembre 1609, des lettres patentes par lesquelles il établisssait « un han et maîtrise pour la faction et estat de Rôtisseur en la ville et cité du Pont-à-Mousson, pour en jouir et user bonnement et loyaumant, par les dits impétrans. »

Sans transcrire les neuf articles des statuts, nous rappellerons que la confrérie nouvelle était placée sous le patronage de saint Laurent, dont les maîtres et compagnons rôtisseurs devaient célébrer solennellement la fête au 10 août de chaque année ; — celui qui voulait entrer dans la corporation était tenu de faire un chef-d'œuvre, et, sur le rapport du maistre et de deux experts, il devait être « trouvé capable et sans une défectuosité en son corps qui puisse répugner à l'honnesteté publique. » Le droit d'entrée était fixé à vingt-quatre francs barrois, applicables un tiers au domaine, un tiers à la confrérie et « pour l'entreténement du service divin » et le dernier tiers aux maistres et compagnons.

Nous remarquons enfin qu'il était interdit aux rôtisseurs de vendre de la chair de porc, saulcisses et cervelas avant le jour de la Saint-André et de « lever ni faire lever aucune espèce de denrées au dedans de la dite ville et banlieue d'icelle ès jours de marché ni autres, si ce n'est en la boucherie du dit Pont, crainte que par tolérance du contraire » porte l'ordonnance, « la provision des bourgeois et des estudians au dit lieu n'en soit incommodée et enchérie[1] ».

La capitale du duché ne pouvait rester au-dessous de la cité des étudiants, l'habile Bartholomé de Cerizelli avait formé de nombreux élèves et les rôtisseurs de Nancy, jaloux de voir briller aussi leur bannière dans les solennités publiques, désiraient élever leur métier à l'honneur d'une institution. Un autre motif stimulait leur légitime ambition, ils voulaient se prémunir à Nancy comme à Pont-à-Mousson contre les menées envahissantes des maîtres bouchers.

1. ***Dictionnaire des Ordonnances*** de Rogéville, t. II, p. 335.

N on contents du privilége honorifique d'accompagner les ducs, lors de leurs entrées solennelles, et d'occuper dans le cortége, immédiatement avant les marchands, une place d'honneur « estant les premiers à cheval, bien montés, tous ayant les écharpes jaunes[1] », les bouchers prétendaient exercer une suprématie et un contrôle arbitraires sur tous les vendeurs de comestibles, en général et le conseil de ville avait dû, plus d'une fois, réprimer leurs exorbitantes prétentions[2]. A l'exemple de leurs confrères de Pont-à-Mousson, les rôtisseurs de Nancy sollicitèrent et obtinrent, à la date du 30 septembre 1610, des lettres de maîtrise copiées en partie sur celles qui avaient été concédées l'année précédente.

Telle fut la double origine de cette école des chevaliers de la broche qui devaient, pour longtemps, assurer à la charcuterie lorraine une supériorité généralement reconnue.

1. *Les communes de la Meurthe*, par Henri Lepage, t. II, p. 137.

2. Archives de Nancy, t. IV, p. 160.

VII

—

Le pâté de Châtel-sur-Moselle. — Les Kyriolès de Remiremont. — La vie monastique à Senones. — Les habitudes de Rambervillers et de Raon. — Le dîner de Sorcy. — Le *Récinon* et les *Loures*.

Certaines institutions donnaient lieu à des réunions publiques, dans lesquelles, toute ou partie de la population venait périodiquement s'attabler. Le pâté de Châtel est une des plus anciennes cérémonies de ce genre, dont on a conservé la relation. Suivant M. Noël[1], le repas de Châtel était le renouvellement anniversaire d'une alliance mutuelle contractée entre les trois seigneuries de Saint-Dié, Châtel et Nomexy. En 1435 et 1471, alors que la Lorraine était privée de son souverain et que les Bour-

----

1. *Mémoires pour servir à l'histoire de Lorraine*, n° 3, Châtel-sur-Moselle, par M. Noël. Nancy, 1838.

guignons ravageaient la contrée, des traités semblables avaient été souscrits entre quelques seigneurs lorrains pour assurer aux intéressés des secours réciproques contre l'incursion et le brigandage des étrangers. Cependant, au xvie siècle, messires de Lenoncourt et de Savigny, descendants des alliés primitifs, cherchaient à faire abolir la cérémonie du pâté pour se dispenser du paiement des droitures dont ils se trouvaient débiteurs ; c'est alors que Vaultrin, tabellion à Châtel, adressa au président de la Chambre des Comptes de Lorraine, à la date du mois de février 1523, une missive originale, en bonne forme, constatant « la déclaration de ce qui est dû annellement aux seigneurs vouez de Chastel-sur-Moselle pour le paste (repas) le jour de Saint-Jean, deuxième feste de Noël. » La Cour, paraît-il, maintint les droits de la communauté de Châtel, car plus d'un siècle après cette réclamation, Henry Philippe, argentier de Son Altesse, seigneur de Valfroicourt, et damoyselle de Montarby, veuve de Gaspard de Montarby, seigneur de Dampierre, produisant, le 17 février 1625, le dénombrement du fief qu'ils tenaient à foi et hommage à Châtel, du duc Charles et de la princesse Nicole, déclarent que ce fief consiste en « huit pots de vin blanc, une fouasse un quart de pain, un fromage et un quart de fromage de bergerie, le tout sur l'avouerie de Châtel. »

Voici, en effet, les termes du mémoire de Vaultrin, qui, avec la précision des écrits du temps, nous montre les moindres détails de la fête sans qu'il soit nécessaire d'y ajouter aucun commentaire :

« Il y a d'ancienneté quatre seigneurs vouez audit Chastel, lesquels donnent tous les ans alternativement un paste, ou disner, la deuxiesme feste de Noël, où se trouvent les autres seigneurs vouez ou leurs officiers, le bailly, capitaine et autres officiers dudit Chastel, et autres particuliers qui donnent certaines redevances audit seigneur vouez qui fait le paste, comme il est ci-après, à tous lesdits vouez : le duc de Lorraine, par acquisition anciennement faite par un seigneur de Chastel, d'un seigneur de Rainville, M. de Lenoncourt, M. de Savigny et les hoirs feu Antoine de Chastel, à présent les seigneurs de Huntsten.

« Pour le paste, MM. les vénérables, doyen et chapitre de Saint-Dié, sont tenus de donner par an, au lieu dudit Chastel, le jour de Saint-Estienne, lendemain de Noël, par les maire et moitriers de Moyemont, trois seilles de vin blanc d'Aulnoy, qui ne soit ni du pire ni du meilleur. Lesquelles trois seilles, on tient d'ancienneté estre trois mesures et demy qui est un demi-verly.

« Encore huit fouasses, qui sont huit pains chacun d'une quarte de fleur de farine de froment, ni trop blanche ni trop noire, avec huit fromages de presse, à cause d'un gagnage qu'ils ont audit Moyemont, dit la Franche-Maison, et faut que le vin, les fouasses et fromages soient devant la porte dudit Chastel ledit jour de Saint-Etienne, au matin, à peine de l'amende de soixante sols appartenant à notre souverain seigneur, et doit ledit seigneur qui fait ledit paste, le disner ez-dits maire et moitriers qui ont amené lesdits vin, pain et fromages.

« Après tout ce, le conduit et mène en la place dudit Chastel, où un peu après s'assemblent, pour tenir siége de justice, premier, M. le bailly de Chastel ou son lieutenant, le sous-vouez qui fait le paste pour l'année, et les autres trois vouez sécutivement ou leurs officiers, puis le maire dudit Chastel, le prévost, le greffier, les

sergens du bailly et le sergent du prévost assistant,
comme aussi M. le procureur-général du bailliage y
assiste, pour entendre au droit du seigneur et y garder
son autorité.

« Ledit siége ainsi revestu, les échevins et bourgeois
dudit Chastel sont tenus de juger, par semblans qui se
rapportent par un desdits eschevevins, de la suffisance
et insuffisance des pains, vins et fromages, par trois
jugemens, disant ledit eschevin et prononçant son dit
eschevinage ; *Monsieur le bailly ou Monsieur le lieutenant, Messieurs les vouez et Monsieur le maire, je
trouve par mon semblant, celui de mon compagnon et
des bourgeois existans, que les fouasses sont suffisantes
pour l'année,* et ainsi du vin et du fromage ; et pour ec qui
est condamné n'estre suffisant, lesdits seigneurs vénérables, ou leurs maires ou moitriers, donnent pour chacune des condamnations soixante sols d'amende audit
seigneur et la remandise[1] de ce qui n'est pas suffisant
au seigneur vouez qui fait le paste, et avant que l'échevin
prononce son semblant, il faut donner sûreté aux bourgeois de Chastel, de la part desdits doyen et chapitre,
pour satisfaire à l'adjugé. Les bourgeois de Chastel ont
pour leurs droits de jugement deux quartes de vin, la
moitié d'une fouasse et la moitié d'un fromage ; desquels
vin, fouasse et fromage, on en délivre premièrement à
ceux qui ont accoutumé d'y prendre droit : au maire
d'Igny, pour les héritiers de feu Madame de Mageron,
un fouasse et un fromage et un quart et huit quartes de
vin ; M. de Hardigny, présentement, tant à cause des

1. Remandise, ce qui manque, ce qu'on peut réclamer en plus de
ce qui a été offert.

seigneurs de Hardemont que de Bravillers et **Montjoye**, une fouasse et trois quarts d'une autre et huit quartes de vin. Le reste, qui monte à quatre fouasses et demy et quatre fromages et demy et le surplus du vin, outre une mesure délivrée auxdites portionesses, qui monte à deux mesures à cause que les vénérables n'en délivrent que trois mesures, et y a sur ce, chacun an, protestation pour le seigneur qui fait ledit paste.

« Les habitans et sujets de la grande seigneurie de No-mexy doivent chacun deux charterées de bois au seigneur qui fait ledit paste, et les doivent mener et rendre audit lieu de Chastel, où ledit paste se prépare le jour de Saint-Estienne, lendemain de Noël, à peine de l'amende comme ci-dessus et de payer ledit bois.

« Le prévost de Chastel doit au vouez qui fait ledit paste dix sols ;

« Le grand doyen doit audit vouez quinze deniers ;

« Les deux sergens du prévost doivent pour ledit paste dix-huit poules à trente deniers, pour le seigneur qui fait le paste ;

« L'eschevin de Châtel qui a rapporté le jugement doit une poule pour ledit paste et un denier obole ;

« Le munier du moulin de Chastel doit un denier obole et un tourtau ;

« Le maire du grand seigneuriage de Nomexy doit four-nir pour ledit paste *dix boutons de rosier sauvage, des prunelles, du cresson de fontaine et de la chaulnate,* qui est farine de seigle, pour servir sur les tables desdits seigneurs vouez, officiers et autres qui font ledit paste, à peine de l'amende comme ci-dessus audit seigneur.

« Le paste se fait le jour de la Saint-Jean l'évangéliste, le lendemain de Noël, au disner, sur la fin duquel l'eschevin de Chastel prépare le plat du limier du souverain seigneur, lequel plat doit estre fourni de toutes les viandes, pains, vins et de toutes autres qui ont été servis, à peine de soixante sols d'amende pour chaque service qui sera trouvé y faillir, que l'eschevin qui a eu charge, ledit plat est tenu payer audit seigneur et avant que d'en servir ledit limier. L'eschevin doit présenter devant lesdits seigneurs vouez et officiers de table, à table, de la belle eau en un bassin, qui ne doit estre ni trop chaude, ni trop froide, et autrement, si elle n'étoit nette, trop chaude ou trop froide, ledit eschevin échéroit en l'amende de soixante sols pour chacune faute : ladite amende au seigneur. Après avoir présenté ladite eau au seigneur, ledit eschevin présente aussi devant lesdits seigneurs vouez et officiers de table, à table, ledit plat limier, pour estre visité s'il est suffisant et fourni de toutes viandes comme dit est.

« Ce fait, le seigneur vouez qui a fait le paste présente une jeune fille qui a un chapeau de fleurs sur la teste, pour laver le groing et les pieds dudit limier, qui est amené à son de trompe par le braconnier devant les tables, et ayant fait ladite fille son devoir, elle baise ledit limier sur le groing et donne son chapeau audit braconnier, et ledit seigneur vouez donne une pièce d'argent à ladite fille pour son vin.

« Plus, ledit braconnier met ledit plat devant ledit limier et sonne la trompe pendant qu'il mange, et après qu'il a un peu mangé, ledit braconnier retire le plat et fait son profit de ce qui reste.

« Au jour de carême entrant, qui est le jour de mardy gras, le seigneur vouez qui a fait le paste est maître des

chaltefs[1] audit Chastel, et faut que les autres seigneurs
vouez l'assistent ou lui fournissent chacun un homme
pour mener la chatinette[2], et ledit jour du mardy gras,
les bouchers de Chastel donnent la grüe[3] d'un bœuf, qui
se juge par lesdits chattiffs et bourgeois assistans, et
tiennent siége lesdits chattiffs pour juger à plus loin de
droit, et au plus prest de chastinette, et le clerc juré
dudit Chastel est tenu de les assister pour greffier, et le
fournir du four bannal avec son cuvillon, et s'ils n'ont
aucunes espèces, ledit seigneur vouez qui, en maitre des
chattiffs, comme dit, en doit, pour la marende de ses
assistans, payer quelques deniers à sa volonté.

« S'ensuivent les personnes qui doivent estre dudit
paste, M. le bailly et Mme sa femme, M. le capitaine et
Mme sa femme, les quatre vouez et chacun deux personnes avec eux, fait douze personnes ; le greffier et sa
femme, le prévost de Chastel et sa femme, le chastelain
du chasteau et sa femme, le lieutenant de bailly et sa
femme, le procureur de monseigneur et sa femme, le
receveur et sa femme, le gruyer et sa femme, le grand
doyen et sa femme, le sergent de bailly et sa femme, un

---

1. M. Emmanuel d'Huart a publié dans la Revue d'Austrasie une
notice sur le pâté de Châtel, qui diffère, en quelques passages, de
celle de M. Noël. Ainsi, au paragraphe 17, on lit chaitifs au lieu de
chaltefs, et M. d'Huart ajoute en note : « La confrérie des chétifs
(dont le nom est resté dans le patois messin et signifie pauvre, souf-
freteux, manquant du nécessaire), était composée de joyeux compagnons, à la bourse bien garnie, jetant l'argent à pleines mains et
n'ayant de nécessiteux que le nom. Cette confrérie des chaitifs avait
son chef, ses statuts, ses cérémonies, etc. Il paraît qu'à Châtel elle
était chargée de la police le jour du mardi-gras. »

2. Ou chastivette, confrérie des chétifs.

3. Grüe, pour coue ou queue (Glossaire d'Oberlin).

tabellion dudit Chastel et sa femme, les deux sergens du prévost et leurs femmes, quatre personnes; l'eschevin de Chastel et sa femme, le maire du grand seigneuriage de Nomexy et sa femme, le meunier de Chastel et sa femme, le braconnier et sa femme, et le maire de Chastel qui s'y prie et sa femme aussi.

« Les seigneurs du chapitre de Saint-Dié, à l'intention d'estre exempts à rédimer ou changer les charges ci-devant déclarées, qu'eux ou leurs maires et moitriers de Moyemont doivent fournir annuellement audit paste, offrent auxdits seigneurs vouez et autres ayant droit, sçavoir : pour les deux resaux de bled huit francs, et pour les trois mesures de vin et le tonneau douze francs. »

Depuis Châtel, remontons les bords de ce fleuve vanté par le poëte vosgien :

> Des hauteurs de Chaté, contemplez la Moselle.
> Que Charme est doux à voir, que cette rive est belle ![1]

Et bientôt nous atteindrons une petite ville lorraine célèbre entre toutes, au moyen âge, moins encore par la beauté de sa situation que par l'éclat de son illustre monastère. De cette « Eglise insigne, collégiale et séculière de Remiremont, de ce glorieux Chapitre des dames chanoinesses, il ne reste plus aujourd'hui, au milieu de souvenirs confus, que la recette de ces petits pains d'épices, dont la communauté alors,

> « Grâce aux bienfaits des nonettes sucrées,
> Reconfortait ses entrailles sacrées. »

---

1. *Les Vosges*, poëme récité à Epinal dans la fête de la fondation de la République française par N. François (de Neufchâteau). Saint-Dié, in-16.

Combien était recherché l'honneur d'entrer dans une abbaye dont les priviléges étaient magnifiques, les habits somptueux [1] et la règle peu sévère! C'est l'un de ces priviléges que nous remettrons en mémoire par le récit de la fête annuelle de Remiremont, célébrée le lendemain de la Pentecôte et connue sous le nom de *Lundi des Kyriolés*.

Dès le matin, les habitants des six paroisses voisines entrent processionnellement dans la ville, bannière déployée, et sous la conduite de leur pasteur. Chaque commune se distingue en outre par des branches d'arbres différents et répète en chœur de naïfs cantiques pour se rendre au *moustier* des nobles dames du chapitre. Sous le porche de l'église, deux dames *chante-notes*, c'est-à-dire, les deux religieuses de service, précédées du chanoine de grand'messe, revêtu d'une riche chape, et portant l'eau bénite, reçoivent le cortége qui, introduit dans la vaste nef, fait le tour du chœur et de l'autel paré de fleurs, sur lequel sont exposées les précieuses reliques de *Monsieur sainct* Romaric, fondateur et benoit patron de la ville. Pendant la messe chantée avec accompagnement de l'orgue, de hautbois et de violons, le receveur

1. L'habit d'église des dames chanoinesses était un grand manteau long à queue traînante, de laine noire, avec collet d'hermine, et bordé des deux côtés d'hermine d'un demi-tiers de large ; celui de la dame abbesse, bordé par le bas, tout autour, en dedans et en dehors, et des deux côtés de quatre doigts plus large que le demi-tiers. Louis XV, en mars 1744, voulant, dit son ordonnance, témoigner sa bienveillance à l'insigne collégiale de Remiremont, et relever sans doute encore le costume des chanoinesses, leur accorda de porter de la droite à la gauche un large cordon bleu liseré de rouge, auquel devait être attachée, en forme de croix de chevalerie, une médaille représentant saint Romaric.

des grandes aumônes, dignitaire de l'Eglise, présente, avec le cérémonial accoutumé, devant les stalles armoriées de Madame l'Abbesse et de Madame la Doyenne, les deux rochelles (hottes faites avec de l'écorce de sapin) remplies de neige que les habitants de Vixentine (saint Maurice, au pied du Ballon) envoient ce jour par leur châtolier, et à défaut desquelles, ce qui était extraordinairement rare, cette paroisse devait faire hommage au chapitre de deux bœufs blancs et sans tache. Après le *Te Deum,* qui termine la cérémonie, les chanoinesses distribuaient des quarterons de *nounalles* (petits paquets contenant 25 épingles), aux jeunes filles de Saint-Amé, de Dommartin, de Saint-Etienne, de Saint-Nabord, de Saulxures et de Vagney, qui avaient chanté avec le plus de dévotion les cantiques ou kyriolés traditionnels. La procession de ce dernier village recevait du chapitre « *un petit tonnel de vin, ni du pire ni du meilleur,* » en reconnaissance de quoi, elle jouissait du privilége, au sortir de l'église, de tirer deux coups de fusil vers la chapelle de Saint-Nicolas. Chaque procession se réunissait ensuite dans des tavernes, qui arboraient immédiatement, pour enseigne, les trophées de verdure qu'elles portaient à leur entrée dans Remiremont.

Les paragraphes suivants extraits d'un mémoire manuscrit de l'an 1612 et par lequel la princesse *Catherine de Lorraine,* alors abbesse du monastère, sollicitait une visite apostolique, feront connaître comment les nobles religieuses partageaient les joies populaires de leurs féaux sujets.

« Au lendemain de la Pentecôte, elles (les dames chanoinesses) disent avoir le droit de danser après dîner en la cour de la maison abbatiale, la première danse appar-

tenante à Madame l'abbesse et la seconde au chapitre.
Que si ladite dame abbesse ne veut ou ne peut s'y trouver, elle est obligée de fournir une dame à sa place pour
danser.

Auquel jour encore lesdites dames veuillent que les
bourgeois dudit Remiremont paroissent en armes et qu'ils
passent par-devant elles, en l'église et parmi la maison
abbatiale, et au troisième tour, ladite dame abbesse leur
doit à boire en sadite maison, pendant que lesdites dames
dansent à la vue d'iceux et des étrangers arrivés ce jour
audit Remiremont.

Et lesdites dames disent encore que leurs principaux
officiers, savoir : les sieurs grand prévost, grand et petit
chancelier et le chancelier de l'État, qui sont tous ecclé-
siastiques, leur doivent certain nombre de danses : et de
fait, lesdits officiers le bonnet quarré avec le bouquet sur
la tête, ou leurs lieutenants ou commis les mènent danser
dans l'après-souper audit cloître, et dure ladite danse
beaucoup, à cause du grand nombre d'icelles. »

Dans l'après-midi du même jour, le corps municipal
faisait servir *la marande* aux seigneurs, jurés et officiers
et gens de justice. Ce repas avait lieu immédiatement
après que les bourgeois armés et précédés d'un fifre et
d'un tambourin, avaient fait les trois tours obligés à
travers l'église et la cour du palais abbatial. Voici la carte
du menu de la collation donnée en 1587, document conservé dans les archives municipales de Remiremont,
comme une double preuve de la sobriété des Vosgiens
et de leur zèle à solenniser leur fête annuelle :

S'ENSUYT LA DESPENCE FAICTE EN L'ANNÉE 1587 LE JOUR ET
LE LENDEMAIN DE LA PENTECOSTE.

Achepté 14 mesures et 4 pintes (environ 6 hectolitres

14 litres) de vin blanc d'Allemaigne (d'Alsace), à huit
francs la mesure, pour fournir le lundi de la Pentecoste
aux tours accoutumés faits par les bourgeois chacun an
ou (au) dit jour et lesdites 4 pintes de vin au prix de
trois gros l'une, ci........... 118f 6d ou 257f 07c. [1]

Item, pour 12 pintes de vin claret, tant pour la marande des seigneurs que pour fournir au dernier tour,
acheptez tant chez Didier Gauthier que chez ledit grand
eschevin, et à six gros l'une, cy....... 6f »»d 12f »»c

Item, pour deux pastels de liepvres.... 5 » 6 »

Item, pour deux austres pastels de vœy
(veau)................................ » 26 5 20

Item, pour 2 jambons et 2 andouilles. . » 15 2 55

Item, pour du sucre, espices, riz et
saffran............................... » 14 2 58

Item, pour 2 fromaiges de bergerie.... 1 » 2 »

Item, pour 2 moteaux (fromages blancs
à la crème) et leur frays............ » 11 » 87

Item, pour fruitaige (fruits).......... » 5 » 85

Item, pour vinaigre et huylle d'olive... » 5 » 51

Item, pour patisserie assavoir à chacune
table, huit pièces et pour les quatre
tartes du premier tour 5 4 6 68

Item, pour du pain tant pour ladite marande que pour ceux qui ont donné à
boire aux trois tours devant dits ou
(au) nombre de vingt-six personnes. 9 10 19 70

1. Nous nous servons, pour l'évaluation des anciennes monnaies
de Lorraine, comparées à notre monnaie décimale actuelle, de la
table de réduction du gros en franc barrois depuis l'année 1578 jusqu'en 1608, en monnaie de France, insérée à la page 65 dn 1er vol.
de l'*Histoire de Nancy,* par l'abbé Lionnois.

Item, et pour le souper du maire et de
ses officiers avec leurs femmes, les
dimanche et lundy soir de la Pentecoste que semblablement pour la marande des sus – nommés vingt – six
personnes........................ 15ᶠ ʳᵈ 50ᶠ 7ᶜᵈ

Nous venons de contempler les chanoinesses à l'office
et à la danse ; suivons-les, dans le cloitre, non

> « Pour dévoiler des mistères secrets,
> L'art des parloirs, la science des grilles,
> Les grâves riens, les mistiques vétilles. »

Nous nous arrêterons seulement au réfectoire :

> « Là tout s'offrait à de friands désirs ;
> Outre qu'encor pour les menus plaisirs,
> Pour occuper un ventre infatigable,
> Pendant le temps qu'on passait hors de table,
> Mille bonbons, mille exquises douceurs
> Chargeaient toujours les poches de ces sœurs. »

A part toutefois ces mignons péchés de friandise, les
nobles dames de Remiremont se distinguaient surtout par
une humeur belliqueuse et une attitude fière et indépen-
dante. L'une d'elles, notamment, Catherine de Lorraine,
sut, par son énergie, résister, en 1638, aux attaques de
Turenne et soustraire la ville aux horreurs du pillage[2].

Il faut bien l'avouer, c'était principalement dans les
monastères d'hommes que la gourmandise tenait ses
assises, et à Senones, entr'autres, les moines cultivaient

1. Richard. — *Traditions populaires de l'ancienne Lorraine*,
page 160.

2. H. Lepage. *Le Département des Vosges*, p. 415, t. II.

avec soin la bonne chère. Que l'ombre de Dom Calmet nous pardonne ces indiscrètes révélations ! nous n'avons pas à parler de ses contemporains, mais des générations antérieures qui, au xiiie siècle, s'adonnaient avec une ardeur sans pareille aux travaux préparatoires de la digestion. Baudouin gouvernait alors l'abboye de Senones, et sa dépense de table était des plus somptueuses. « Il avait réglé ainsi le service du dîner : on donne à laver, et pendant cette opération, d'habiles servants dressent les tables. L'abbé s'assied et indique la place des convives; puis arrivent les salières, couteaux et cuillères, le pain et le vin, ensuite les viandes ; les causeries particulières animent ce premier service. Les ménétriers, baladins, bouffons et jongleurs font leur entrée pour *rebaudir* la compagnie ; ils sont suivis des servants pour renouveler vin et viande; puis on apporte le fruit. Le diner fini, on enlève nappes et reliefs, on abat les tables, puis on donne à laver ; on rend grâces à Dieu et à M. l'abbé, et chacun se retire. Au souper, grandes lumières, des viandes plus délicates et de facile digestion ; ce repas était le plus long, parce que, disait l'abbé, il y a péril de manger de manger de nuit, hâtivement, pour se coucher. »[1] L'on devine ce que pouvait être la cuisine de Senones sous la direction de cet habile homme ; néanmoins il est à regretter que l'on soit privé de détails sur le menu de quelques-uns de ces repas, où l'eau ne figurait que pour les ablutions.

Avant de quitter les pittoresques vallées des Vosges, il faut donner, pour mémoire, au moins une mention aux habitants de Rambervillers qui, par leur prédilection

---

1. GRAVIER. *Histoire de Saint-Dié* Epinal, 1836, in-8°, p. 134.

pour certains mets et leur manière de l'accommoder, avaient mérité d'être désignés sous le sobriquet de *Têtes de veau de Rambervillers*. Nous devons également inscrire ici ce vieux proverbe justifié à Raon-l'Etape par des habitudes que nous n'osons pas condamner ici :

> « *A table jusqu'au menton*
> » *Comme les gens de Ravon.* »[1]

Le pâté de Châtel naquit d'une alliance mutuelle ; par contraste, la fondation dont voici le programme a cimenté une transaction sur procès, et s'il fallait absolument une transition pour passer du code gastronomique de Baudouin aux trois festins publics des chanoines de Toul, nous rappellerions que l'abbé épicurien de Senones devait le maintien de ses priviléges à la condescendance de l'évêque de Toul, Giles de Sorcy. Or, c'est la commune de Sorcy, ou plutôt la dîme due par ses habitants qui suscita, en 1659, un procès entre les chanoines de Toul et le seigneur de Choiseuil, baron de Meuse. Pour terminer le différend, il fut convenu que les chanoines décimateurs au village de Sorcy-Saint-Martin ne pourraient enlever leurs dîmes sans avoir, au préalable, donné à seize officiers de Choiseuil « trois festins publics et solennels, avec feu sans fumée, sur une table d'un seul bois ; changer trois fois de nappe et de serviettes sans marque, sans tache, sans trou ; de trois services, par trois fois de pain entier ; servir du bœuf et du porc rôti et bouilli ; du fromage vieux et nouveau ; des pommes

---

1. Richard. *Contes populaires* applicables à des villes de la Lorraine, broch. Epinal, 1836. Les divers membres d'une famille étant convenus de se réunir à dîner, à condition que chacun apporterait son plat, tous les convives se présentèrent porteurs d'une tête de veau.

et des poires crues et cuites ; du vin de trois couleurs, blanc, clairet et rouge ; l'hôtesse d'un visage gai et gaillard ; que si un verre ou autre chose tomboit à terre par la faute des servantes, ou si l'on manquait en quelques cérémonies susdictes, il falloit recommencer le festin, et, sous peine de recommencer, en cas de manquement de la moindre d'icelles (ce qui devoit passer par le jugement de quatre de ces officiers), rendre les dixmes infructueuses, etc. »

Extrait d'un mémoire imprimé pour la plaidoirie de cette cause, signé de Moncy, rapporteur ; en marge du mémoire, est écrit que les titres ont été produits et vérifiés [1].

Sans avoir les proportions d'un festin, le *Récinon et les loures* étaient, pour les paysans lorrains, le prétexte de réunions dans lesquelles on mangeait des pièces froides avec accompagnement de pâtisseries, confitures et boissons fermentées, ou alcooliques, fraîches ou chaudes, à l'usage des deux sexes. C'était, comme consommation, l'équivalent de l'*ambigu* moderne ou du *lunch* des fils d'Albion.

Le récinon, du latin *recœno*, avait lieu au retour de la messe de minuit pour célébrer la naissance du petit Jésus. Les loures commençaient à la Toussaint et se continuaient jusqu'au 10 février. Pour clore la série de ces joyeuses veillées du village, les habitués se donnaient entr'eux un second récinon ; le premier prenant alors, dans quelques cantons, le nom de réveillon [2].

----

1. Cité par M. Noel, mémoire 3 sur l'Histoire de Lorraine.

2. L. Beaulieu. *Archéologie de la Lorraine.* Paris, 1840, in-8°, t. I, p. 250. — Richard, *traditions populaires, usages et coutumes* de l'ancienne Lorraine. Remiremont, 1848, in-8°.

VIII

LES FÊTES POPULAIRES.

— ··

La solennité des Rois. — Le Mardi-gras. — Le dimanche des Brandons. — Premières apparitions de la truffe. — Ce qui reste des
anciens usages. — *Les chaourasses.* — Le bœuf gras. — Les
valentins. — La Saint-Nicolas.

Après la défaite et la mort de Charles-le-Téméraire,
René II s'efforça, par des libéralités et des concessions
judicieusement réparties, de récompenser le dévouement
et les services de tous ceux qui l'avaient assisté dans la
lutte[1]; puis il voulut, par une fondation pieuse, perpétuer
le souvenir du 5 janvier 1477, jour de l'heureuse délivrance de sa capitale. A cet effet, et par acte de l'année
1501, il donna « au Chapitre de Saint-Georges, deux
muids et deux vaxels de sel, sur les salines de Salones et
de Rosières, à leur choix, savoir : les deux muids à dis-

----

1. H. Lepage. — *Commentaires sur la Chronique de Lorraine.*
Mémoires de la Société d'Archéologie, année 1859.

tribuer aux chanoines, et les deux vaxels aux enfants de chœur : en outre deux quartes de cire; à charge par le dict chapitre de faire chanter chaque jour, à l'élévation de l'hostie, pendant la messe, l'antienne *O Salutaris hostia*, par, deux enfants de chœur, et de faire, chaque année, une procession générale et solennelle, la veille des Rois, en actions de grâces de la victoire que ce prince avait remportée, ce jour là, contre Charles de Bourgogne[1] ».

Telle est l'origine d'une de ces fêtes populaires, supprimées pendant l'occupation française et que Léopold s'appliqua au début de son règne à remettre en honneur, parce qu'elles rappelaient des événements chers à tous les cœurs lorrains. C'est ainsi notamment qu'il rétablit, le 5 janvier 1699, la cérémonie fondée par René II, en suivant scupuleusement tous les détails de l'ancien programme.

Dès le matin le son de la musique et des trompettes rappelèrent, aux habitants, l'heure à laquelle René avait jadis fait sonner la diane. Une messe solennelle fut ensuite célébrée, en souvenir de celle que les combattants avaient entendue à Saint-Nicolas, avant de se mettre en route pour livrer bataille. Au sortir de la messe des salves d'artillerie donnèrent le signal d'une abondante distribution faite aux bourgeois, en viande, gibier, vins et gâteaux proportionnée au nombre des membres de chaque famille, sur la présentation des billets donnés à l'avance, par les vicaires de chaque paroisse[2].

---

1. Dom Calmet, *Notice de la Lorraine*, t. II p. 970.

2. Huit jours à l'avance le duc avait ordonné des traques dans ses forêts pour y détruire les loups et en même temps on abattait la quantité de gibier nécessaire pour la distribution de la fête des Rois. Noël, *Mémoires sur la Lorraine* n° 5.)

A midi chacun se mit à table, et alors commença la véritable fête des Rois. Suivi de quelques gentilhommes, le prince alla visiter certaines maisons, les convives burent à sa santé, celui-ci répondit à son tour le verre en main. Le gobelet qui lui avait servi était alors conservé précieusement « et il s'est trouvé » dit M. Noël, (Mémoire sur la Lorraine, n° 5 p. 25) de ces gages de l'affection du peuple pour le Duc, qui ont été conservés pendant plus d'un siècle. »

Si dans quelques familles on célèbre, encore aujourd'hui, la fête des Rois, une fève introduite dans le gâteau partagé au dessert, désigne la personne à laquelle échoit la royauté, objet des bruyants vivats par lesquels se termine le repas. Autrefois on tirait les Rois au début même de la réunion : Le plus âgé des convives plaçait, dans un panier couvert d'une serviette, un nombre de de fèves égal, plus deux, à celui des invités et des domestiques, la fève gagnante ayant été préalablement noircie. Le plus jeune de la famille, après avoir récité le *Benedicite*, venait tirer les fèves, une à une : la première pour le Bon-Dieu, la seconde pour la Sainte-Vierge et ensuite pour chacun des assistants, en commençant par le plus âgé. Celui, au nom duquel sortait la fève noire, était proclamé Roi et choisissait sa Reine ou réciproquement. L'élection de Dieu ou de la Vierge était regardée comme un bonheur pour la maison. Une portion du repas était, dans ce cas, remise aux pauvres qui se présentaient, de porte en porte, réclamant la part du Bon-Dieu. La royauté était rachetée par un cadeau, quand elle échéait à un domestique, et alors la fève noire était remise au panier pour obtenir un roi, parmi les convives. Le Roi et la Reine élus devaient, le dimanche suivant, se rendre à la grand messe et se présenter à l'offrande. Quant à leurs prérogatives, plus gênantes que dignes d'envie, elles consistaient dans l'honneur d'une acclamation, dès que l'un ou l'autre buvait et après chaque gorgée, les voisins se faisaient un malin plaisir d'essuyer la bouche royale avec un empressement comique et rarement agréable.

La journée des rois se terminait enfin à huit heures du soir par une procession aux flambeaux. C'était l'heure à laquelle René entrant à Nancy, s'était rendu à la collégiale Saint-Georges, pour remercier Dieu des succès qu'il avait obtenus. On étalait tous les trophées pris sur les Bourguignons ; la fameuse tapisserie du Téméraire, notamment, décorait les murs du palais ducal et les abords de l'Eglise. La procession se composait d'une compagnie de la milice bourgeoise, des congrégations religieuses, des suisses en costumes du XVe siècle avec hallebardes et espadons, des curés et chanoines, enfin le duc et sa cour fermaient la marche, avec les corps de justice. Sorti du Palais, le cortége, après un parcours plus ou moins long, suivant la température, faisait le tour de la Carrière et entrait à Saint-Georges où était immédiatement chanté le *Te Deum* d'actions de grâces.

La restauration de la solennité des Rois fut suivie d'une série de fêtes qui se prolongèrent jusqu'après le carnaval de 1699. Pendant tout ce temps, Léopold ne cessa de faire preuve d'affabilité envers ses sujets. En Lorraine la noblesse n'était pas seule admise à partager les plaisirs de la famille ducale. Le prince recevait dans son palais et invitait indifféremment, à ses concerts et à ses bals, tous les bourgeois de la ville ; les voitures de la cour allaient même chercher et reconduire les conviés qui n'avaient pas le moyen de se donner le luxe des chevaux.

La brillante cavalcade du 5 mars, jour du mardi-gras,
vint prolonger la joie des Lorrains et leur fournir une
nouvelle occasion de témoigner leur affection au jeune
duc et à sa compagne.

A cinq heures du soir, les gentilshommes et les
dames étaient réunis à la Cour, pour régler l'ordre
et la marche du cortége, divisé en quatre groupes
principaux. Le premier, précédé par un détachement de
trompettes et de timbales, se composait d'un char triom-
phal conduit par le comte de Couvonges, grand chambellan. Sur ce char étaient étagées mesdemoiselles de
Bassompierre, de Rémoville, de Baudricourt, de Custines,
de Guermange, de Gerbévillers et d'Aulnois ; à la suite
s'avançaient, sur des chevaux superbement harnachés,
neuf cavaliers vêtus, comme les dames, des plus riches
costumes de l'Allemagne.

Une troupe nombreuse de violons annonçait la seconde
quadrille. Les modes espagnoles avaient été adoptées par
les neuf cavaliers et les neuf dames formant cette division.
Parmi ces dernières on remarquait mesdames de Lam-
bertye et de Gallo, chanoinesses de Remiremont et
Mesdames de Lénoncourt et de Meresberg-d'Hudicourt
de l'abbaye de Saint-Goërie d'Epinal.

Des Africains à cheval et des Mauresques sur un char
conduit par le marquis de Beauveau, suivaient les flûtes,
les tambours de basques et les musettes du troisième
groupe.

Enfin le duc lui-même, travesti en Sultan, dirigeait
huit superbes alzans traînant le trône de la Grande Sultane
qui n'était autre Charlotte-Elisabeth d'Orléans. Le prince
François, frère puîné de Léopold, représentait l'Amour,
aux pieds de la duchesse, dont le triomphe était com-

plété par l'éclat de ses dames d'honneur resplendissantes d'or et de pierreries. Des joueurs de hautbois, des tambours à la janissaire et d'autres instruments turcs étaient en tête de cette dernière partie du cortége ; et la marche était fermée par MM. de Stainville, Des Armoises et autres Seigneurs au nombre de dix, en visirs, pachas et officiers de la Porte ottomane.

Après avoir fait le tour de la Carrière, la cavalcade éclairée aux flambaux, se rendit, par la ville-neuve, devant la grande maison de l'auditoire où les magistrats muni-cipaux avaient fait préparer une magnifique collation.

De retour au Palais ducal, les dames et cavaliers se réunirent, dans la salle des Cerfs, autour de quatre tables somptueusement servies. Après le repas, les danses se prolongèrent jusqu'à l'arrivée du carême commençant le même jour à minuit[1].

---

1. Lionnois, *Histoire de Nancy*, t. III, p. 46. Pendant les jours gras, on faisait, et on fait encore aujourd'hui, en Lorraine, certains *beignets* particuliers, dont on cherche en vain la recette dans les livres de cuisine, bien qu'ils enseignent à en faire jusqu'à treize espèces différentes. Pétrie avec de la farine, des œufs et du sucre en poudre, une pâte légère est étendue en feuille très-mince, puis découpée en carrés de 15 à 20 centimètres avec la roulette à pâte. On trace ensuite deux ou trois lignes parallèles dans chaque carré avec le même instrument, et on jette le beignet dans le beurre ou le saindoux bouillant. En quelques minutes le beignet est cuit, ce qui s'annonce par un ton doré et une forme contournée en nœuds de rubans. Ces beignets tout primitifs sont amoncelés sur un plat et sau-poudrés de sucre. Passé le carnaval, on ne sert plus cette pâte frite qu'on remplace par les *pets de nonnes,* appelés par nos prudes, *vendanges* (vents d'anges). Il y a quarante ans, un pâtissier en renom, reçut une commande importante de beignets et de pets de nonnes, pour un repas de corps. La préparation des deux plats fut par lui confiée à un gâte-sauce, qui saisit la circonstance pour se venger de son patron, dont il prétendait avoir à se plaindre : de minces copeaux de tilleuls furent adroitement insérés dans les

Nous ne donnerons pas ici le menu du festin, réservant de tels détails, pour le gala que Messieurs du Conseil de ville servaient eux-mêmes à la famille ducale, cinq jours après cette fête, c'est-à-dire le dimanche des Brandons, 8 mars 1699.

Suivant un usage immémorial, les nouveaux mariés de l'année étaient obligés d'aller faire, le premier dimanche de carême, un petit fagot dans la forêt de Haye prés Nancy. Tous devaient rentrer en ville à trois heures se tenant par le bras et en bon ordre pour aller, au son des instruments, présenter leurs hommages au Souverain. Le mari portait le fagot tout enrubanné ; à sa boutonnière était attachée une petite serpette en argent ou en fer blanc, suivant sa fortune. La femme mettait à son corsage quelques petits objets du même métal représentant des quenouilles, des rouets et autres ustensiles de ménage. Après une longue procession en ville, les mariés venaient ensuite faire un grand feu de leurs fagots, au milieu de la cour du palais ducal, ce qui était le signal de la danse et de toutes sortes de réjouissances. Les jeunes gens avaient coutume de jeter alors des pois *dépechis*[1] qui, répandus sur le sol dur et compact, provoquaient la chute des danseurs et redoublaient la gaieté générale. Cette plaisante cérémonie, connue sous le nom de fête des

beignets, avant la cuisson et quelques filaments d'étoupes mélangés à la pâte du second plat. — Grand émoi des convives mystifiés ! mais, après sa vengeance, le coupable avait disparu. Le pâtissier victimé se réhabilita dans l'opinion publique. A force de faire des brioches et des boulettes, il devint riche et fut même, par la suite, nommé maire de la plus importante commune du canton de Nancy-Est.

1. Pois *dépechis* (patois lorrain) pois d'épice ou épicés, grillés avec du beurre et du sel.

brandons ou des *féchenates*[1], se terminait d'ordinaire par un grand souper à la maison commune. En 1699, la file des mariés devait être longue, car la bure des féchenates n'avait pas été célébrée depuis trois ans. Marié le 15 octobre précédent, Léopold avait annoncé qu'il prendrait part à la solennité. Quels ne furent point les transports de joie de la foule, lorsqu'elle vit le duc, bras dessus bras dessous, avec sa femme, alors enceinte et qui balançait un petit berceau en vermeil suspendu à sa ceinture.

Mais pour les autres détails interrogeons un contemporain qui avait pris l'habitude de consigner, dans ce qu'il appelait son *journalier*, tous les faits survenus en ville et dont il avait été le témoin :

« Le 8e du mois de mars 1699, jour des Brandons, Son Altesse estant nouveau marié, la cérémonie se fit ainsy qu'il en suit : tous les nouveaux mariés, ayant à leur teste six sergents de ville, revinrent des Trois-Maisons avec chacun un fagot qu'ils venoient de chercher audit lieu, entrèrent à la ville par la porte de Notre-Dame ; parurent à la cour soixante à soixante et dix nouveaux mariés, tous à cheval, marchant deux à deux ; ceux de pied, qui estoient au nombre de cent, parurent ensuite ; S. A. R. et Madame, voulant avoir le plaisir, les fit (sic) passer en reveüe : les six sergents de ville passèrent les premiers, l'un desquels tenoit à la main les armes de Lorraine environnées de lauriers ; suivoient deux hautbois, ensuite les nouveaux mariés à cheval, puis ceux de pied, deux à deux, firent trois tours dans la cour, S. A. R. ayant fait monter à cheval, en son lieu et

---

1. *Féchenates* (id.) fascinettes, petites fascines, petits fagots.

place, M. de Gellenoncourt, dit Curel, ayant en main les armes de Lorraine couronnées de lauriers, qui désignoient le fagot de Sadite A. R. De là s'en furent à la ville-neuve en rang comme cy-dessus, firent trois tours autour de la place, ensuite furent au feu préparé au milieu de ladite place, où ils jetèrent tous leurs fagots. Sur les sept heures du soir, toute la cour vint en la ville-neuve, à l'Hostel-de-Ville, souper ; Madame Royale y fut portée en chaise ; S. A. et toute la cour vinrent en carosse, S. A. ayant mis pied à terre devant l'Hostel-de-Ville, vint à pied au feu préparé au milieu de la place, accompagné de M. le prince Charles ; on leur présenta à chacun un flambeau, et mirent le feu en mesme temps : celui qui le présenta à S. A. R. fut M. de Lamberty, bailly de Nancy, et Chevalier à M. le prince Charles. De là ils s'en furent à l'Hostel-de-Ville, où la ville fit un repas qui lui coûta bien huict cents livres ; l'on fit ce que l'on peut pour tesmoigner le zèle et la joye que recevoit la ville de l'honneur que S. A. R. lui faisoit, les officiers de la ville estant les servans. Il y eut quantité de feux d'artifice, et ne s'en retournèrent qu'après dix heures, la ville estant toute illuminée[1]. »

« *Le repas coûta bien huict cents livres !* » A quoi songez-vous digne bourgeois ! vous qui, en qualité de prévôt, avez assisté à ces splendeurs, comment avez-vous pu croire que la ville en fut quitte à si bon marché ! L'officier comptable qui, sans aucun doute, n'eut jamais consenti, même au milieu de ces jeux et réjouissances, à

---

1. *Journalier*, rédigé par Pascal Marcol, prévôt de Nancy ; manuscrit de la bibliothèque de M. de Roguier, cité par M. H. Lepage, *Archives de Nancy*.

faire danser…, l'anse du panier, a présenté à Messieurs du conseil un mémoire de trois mille trois cent dix-huit francs neuf sous, pour *la despence* avec toutes les pièces à l'appui.

Réception d'ailleurs n'avait jamais été conçue et préparée d'une manière plus complète. — Cent soixante bouquets avaient été offerts aux convives ; M⁰ Greneteau à la tête de *sa bande de violons* avoit joué pendant tout le souper ; les vins d'Espagne et les *vins de Saint-Laurent* (?) n'avaient point été épargnés, et trente bouteilles d'*eau de Cèdre* et autres liqueurs figurent sur le compte des boissons. Enfin il avait été payé « sept cents. livres faisant 1653 francs 4 gros au Sʳ Warren Irlandois résidant en ceste ville, pour les feux d'artifice qu'il a fourny et travaillé pour estre tiré lorsqu'il fut trouvé à propos et dans les occurences qui avoient été jugées nécessaires, suivant le marché fait avec ledict Warren[1]. » Les carpes, gremilles, hallottes, brochets et brochetons dont la liste interminable formait la partie substancielle du menu, avaient été payés 281 livres 5 sous 12 deniers. La municipalité ayant d'ailleurs fait appel à tous les dévouements, pour mieux couvrir la table princière, le bourgeois Mélin, dépêché en toute hâte, à cet effet, avait rapporté de Herpémont, près Bruyères « deux grosses truites qui estoient en un estang qu'il a fallu vuider pour avoir les dictes truites payées 18 livres. » Le même avait versé à un « paisant d'une demy lieue de là pour trente-sept truites

---

1. Outre le feu du dimanche des Brandons, il avait été tiré un premier feu le 10 novembre 1698 à l'entrée solennelle du duc, feu dont le prix était compris dans les sommes ci-dessus. (Archives municipales, registre cc 269, comptes de l'année 1699, rendus par Nicolas Richard.)

ou ombres 19 livres. » Plus « à Epinal un cent et demy d'escrevisses deux livres. » Dans la même ville, Mélin avait acheté, moyennant six livres, « une gelinotte, une bécasse et une perdrix. » Ce gibier prohibé, le seul qui apparaît dans un approvisionnement de plus de cent cinquante couverts, était destiné à relever la saveur des sauces, sans éveiller les scrupules religieux, car on étoit en carême.

Le tout avait été accommodé sous la direction d'un cuisinier spécial nommé Faucon, lequel, avec le désintéressement d'un artiste, s'était borné, sauf le poivre et les muscades, à ne fournir que ses talents ! « Au Sr Faucon qui a préparé le repas donné le jour des Brandons à S. A. R. et à sa suite, a esté accordé pour ses peines vingt huit livres et deux livres pour des muscades et du poivre qu'il a fourny, en tout en monnoye de Lorraine, cy — 70 livres ; » aux cuisiniers qui ont aidé le dict Faucon, dix livres douze sous cy en monnoye de Lorraine 24 fr. 10 gros. Le directeur général, le véritable organisateur de cette grande entreprise, était un nommé Jean Chevalier, le même qui, d'après le récit de Marcol, avait eu l'honneur de présenter, au prince Charles, le feu pour la bure. Ce personnage, à la fois pâtissier et confiseur, devait, heureusement, être beaucoup plus fort sur les compotes et la limonade, que sur l'orthagraphe, à en juger par le détail de son mémoire où se pressent, à l'envie, les « confiture chèche à 36 sous la livre, » les « maron glasé, » les tirage de sitron et les gatos de serise. »

Ce mémoire, long de plusieurs coudées, se solde par le respectable chiffre de 882 fr. 5 gros, y compris « vingt huict livres que la chambre lui a accordé pour ses peines. » Nous y remarquons surtout deux articles qui révèlent en Chevalier un chercheur plein de sagacité pour les nouveautés alimentaires :

« Avoir fourny trois grand tourte d'antray garni de truff, mousserons et moril et autres garnitures   6 livres.

Plus pour la cuisine, une livre truff....... 5 livres.

Ainsi on mangeait à Nancy, en 1699, ce qui, d'après Brillat-Savarin, était regardé à Paris comme une chose encore extrêmement rare, en l'année 1780[1].

Les habitants de Favières revendiqueront peut-être, pour le territoire de leur commune, l'honneur d'avoir approvisionné dès cette époque la boutique du pâtissier municipal, mais la statistique de la Meurthe, confirmée par d'autres témoignages, ne permet pas de faire remonter, au delà de la Restauration, la découverte ou la mise en vogue des truffes lorraines[2]. C'est vraisembla-

---

1. *Physiologie du goût*, méditation VI, des spécialités.

2. H. Lepage. *Le département de la Meurthe*, t. II, p. 182. — Certains habitants soutiennent, au contraire, que la découverte des truffes à Favières date d'un temps immémorial et que le roi Dagobert, lors de son séjour à Vicherey, (Vosges) se nourrissait volontiers des truffes de Saint-Amon (territoire de Favières). Très-odorante, la truffe lorraine a une saveur moins prononcée que celle du Périgord. Son volume varie depuis la grosseur d'une noisette jusqu'à celle d'un œuf — quelques-unes atteignent le poids de 500 grammes ; on les expédie ordinairement à Nancy, Paris et Dijon, où elles se paient 3, 4 et 5 francs le demi kilo. La récolte des truffes se fait par des ouvriers, presque tous bucherons, au nombre de six ou sept seulement à Favières, aidés de chiens (jamais de porcs) dressés pour les découvrir. Après quelques jours d'exercice dans la forêt, tous les chiens qui aiment la truffe, à l'exception du chien de chasse, recherchent ce tubercule. Le chien, dit mouton, est préféré entre tous. On met dans sa pâtée des truffes hachées, on lui fait ensuite chercher cette pâtée dans la terre, puis on le conduit dans une truffière. Un chien ainsi

blement de la riche et plantureuse Alsace, si propice à la bonne chère, que venait le savoureux condiment. Quelques années auparavant, le sombre et dur ministre de Louis XIV qui, alors, tenait Nancy sous sa domination, Louvois, avait, en 1673, reçu un envoi de truffes qui lui étaient galamment adressées des montagnes du val de Liepvre ; c'est du moins ce que constate une mention extraite des anciens comptes communaux de Sainte-Marie-aux-Mines : « 20 septembre 1673. « Payé à Hans Caspar Hœderich pour un voiage qu'il a faict à Nancy par ordre de Monseigneur l'intendant Poncet, porter une boite de *triffles* à Monseigneur de Louvois : 5 florins 36 Kreutz.[1] »

Cet envoi était fait par un étranger au profit d'un étranger. Néanmoins, que Chevalier soit, ou non, re-

dressé acquiert une certaine valeur. On trouve la truffe dans le sol silico-calcaire, qui s'étend non-seulement sous les forêts de Favières, mais aussi à Vandeléville, Battigny, Saulxerotte, Colombey, Bulligny, Blénod-les-Toul, et généralement dans l'Argoune orientale. Au commencement de la saison, le fruit est presque à fleur de terre, à la fin, il se trouve à la profondeur de 15, 20 et même 30 centimètres. La récolte peut se faire toute l'année, mais les truffes recueillies au printemps et en été sont rares et de qualité médiocre. Pour que la recherche soit fructueuse, il faut une saison fraiche, aussi les truffiers ne s'appliquent sérieusement à ce travail que depuis le mois de septembre à la fin de janvier. Les années sèches sont stériles pour les truffes. Quelques praticiens reconnaissent la présence du tubercule par des pucerons qui s'en nourrissent et voltigent au-dessus du lieu où il se trouve. La culture détruit complètement les truffes et l'administration forestière délivre, moyennant 5 francs, un permis spécial à tous ceux qui les recherchent. (Renseignements fournis par M. Sivadon, instituteur à Favières).

1. *Archives du Haut-Rhin ;* comptes de Sainte-Marie-aux-Mines ; année 1673.

gardé comme le premier importateur de la truffe, il faut le déclarer un initiateur plein de tact et d'à-propos, puisqu'il avait su choisir, pour les jeunes mariés, ce diamant de la cuisine, plus d'un siècle avant qu'un docte professeur en ait dévoilé la vertu, à savoir : « qu'il rend les femmes plus tendres et les maris plus aimables.[1] »

Tout concourait donc à faire de la réception du 8 mars une fête pleine d'entrain et de cordialité. La fille de Monsieur, la nièce de Louis XIV avait, à Versailles ou à Trianon, assisté à des cérémonies plus magnifiques, mais à coup sûr, jamais aussi joyeuses ni plus touchantes.

Léopold et Charlotte Elisabeth charmés d'un tel accueil, vinrent encore, dans les années suivantes, assister au repas des brandons, et l'heureux Chevalier, pour prix de ses travaux, se vit bientôt proclamé maître d'hôtel de la municipalité, ainsi qu'il est établi par la déclaration suivante, retenue dans les archives de la mairie, 12 mai 1701 :

Provision de l'office de maître-d'hôtel de l'hôtel de ville pour le sieur Jean Chevalier, « en considération des services qu'il a rendus à la chambre dans tous les repas qu'il a pleu à S. A. R. prendre à l'hôtel de ville les premiers dimanches de chaque carême, et la chambre ayant tout sujet d'être satisfaite du zèle et de la capacité avec lesquels il s'est comporté dans la disposition desdicts repas[2]. »

—

La fête commémorative du 5 janvier rétablie en 1699 par Léopold, fut de nouveau supprimée de 1702 à 1714,

1. *Physiologie du goût*, loc. cit.

2. Lepage, *Archives de Nancy*, t. II, p. 33.

temps pendant lequel Nancy fut encore occupé par les troupes de Louis XIV. Reprise en l'année 1715, elle fut définitivement abolie en 1737 par le roi de Pologne. Cependant, pour en prolonger la mémoire, quelques vieux Lorrains fondèrent un certain nombre de messes à perpétuité, et sous le règne de Stanislas, le 5 janvier de chaque année, venaient entendre l'office célébré à Notre-Dame-des-Victoires[1], tous ceux qui étaient restés fidèles au culte du passé.

[1]. Chapelle érigée par René II et le duc Antoine sur le lieu même où les Bourguignons avaient combattu et avaient été enterrés. C'est sur cet emplacement qu'a été construite par Stanislas la chapelle actuelle de Bon-Secours.

Les Lorrains, de tout temps, ont donné des exemples de fidélité aux souvenirs de leurs vieilles traditions comme aussi des preuves multipliées de leur attachement aux membres de l'ancienne famille ducale. On cite notamment deux faits de nature à éclairer Stanislas sur le caractère de la petite nation qu'il allait gouverner et sur les regrets inspirés par ses prédécesseurs. Dès que, sur ses ordres, on commença à démolir l'ancienne chapelle de René II, un nommé Mouchette-Revaud, potier d'étain, propriétaire d'une maison près de Bon-Secours (maison actuelle de Mme veuve Sommeillier-Carré, 159, faubourg Saint-Pierre), fit murer ses fenêtres et ne prit plus jour que sur son jardin pour ne pas avoir continuellement, sous les yeux, le spectacle de ce qu'il considérait comme une profanation de notre ancienne gloire nationale.

Lors des fêtes données par Stanislas, à l'occasion de l'inauguration de la statue de Louis XV son gendre, sur la place Royale (26 novembre 1755), un groupe de vieux Lorrains se rendit au-devant de la maison rue Saint-Dizier, 48, dont la façade est décorée au 1er étage d'un buste de Léopold, et là, une sérénade fut donnée et des couplets furent chantés en l'honneur du prince qui, de son vivant, avait été tant de fois acclamé par ses sujets.

Quelques-uns de ces fidèles jurèrent de ne jamais traverser la place Royale, quoiqu'il n'y eut pas d'autre chemin pour gagner la ville-vieille, à moins de faire un grand détour, et l'un d'eux, ajoute M. Noël, auteur de ces récits (Mémoire, n° 5, p. 225-230) m'a assuré n'avoir jamais vu la statue de Louis XV que lorsqu'elle a été abattue pendant la Révolution.

En 1840, M. Beaulieu écrivait[1] que les mascarades continuent et continueront longtemps encore en Lorraine. A cette époque, les masques devenaient de plus en plus rares ; le mercredi des cendres, une troupe de portefaix, masqués ou barbouillés de suie et fagotés de vêtements de femme sordides et en lambeaux, parcouraient les rues de Nancy, pendant toute la matinée, en vociférant et en apostrophant les passants. Désignés sous le nom de *chaourasses*[2], ces immondes viragos s'arrêtaient de distance en distance, simulaient un lavage de torchons dans le ruisseau et se livraient à une ronde désordonnée autour d'un mannequin fixé sur une échelle et appelé le mardi-gras, puis après avoir renouvelé de pareilles scènes dans les principaux quartiers, la troupe avinée allait jeter son trophée à la rivière. Aujourd'hui ces vestiges du carnaval ont absolument disparu, et si un boucher s'avise, le jour de la mi-carême, quelquefois le jeudi-saint, de faire promener, en ville, un bœuf gras enrubanné et couronné de lauriers, une cloche seule, en guise de musique, précède l'innocente victime, et la marche triomphale se transforme en une réclame au profit du boucher propriétaire de la bête, qu'il s'apprête à débiter.

Quant à la fête des Rois, il serait bien facile de compter les familles dans lesquelles on tire la fève du gâteau, encore a-t-on cessé d'observer l'ancien rite de la *part du Bon-Dieu*.

Comme le reste, les *féchenates* et les brandons sont tombés en oubli, notre siècle *gouailleur* ne pourrait

1. Beaulieu, *Archéologie de la Lorraine*, t. I, p. 258.

2. *Chaourasses* (patois lorrain), laveuses du verbe patois *chaouer*, laver.

s'accommoder de ces pratiques naïves et familières — des
veufs qui convolent à des noces nouvelles, des couples
mal assortis ou aux antécédents équivoques, ne sont-ils
pas obligés de se marier, en quelque sorte, *à huis clos*
et à des heures imprévues, pour se soustraire à une
curiosité malveillante ou à des manifestations ironiques[1]?
Les nouveaux mariés devaient, sous peine d'amende,
se faire inscrire à l'hôtel de ville pour la procession, par
contre, ils obtenaient le privilège de certaines exemptions,
pendant le cours de l'année — mais comment les lazzis
de la foule auraient-ils accueilli certains couples comme
ceux qui escortaient Léopold en 1699 ? Par exemple :
le suisse du palais, d'une taille de plus de six pieds,
marié à une petite femme, derrière eux un petit bossu
donnant le bras à un colosse féminin dépassant cinq
pieds, des vieux mariés à de jeunes femmes et des
épouses plus que mûres, unies à des garçons à la fleur
de l'âge ![2]

Ajoutons enfin, que la fête des brandons se terminait,
après le souper de l'hôtel de ville, par la proclamation
des *Valentins et des Valentines*, faite par les nouvéaux
mariés. Un de nos contemporains, dans ses excellentes
études historiques[3], relate ainsi les traces de cet ancien
usage dont il avait pu être le témoin dans son enfance :

1. Malgré la vigilance de la police, l'usage de donner des charivaris
aux veufs qui se remarient, persiste encore aujourd'hui dans les
petites villes et dans les campagnes. L'an dernier (1874) un jugement du bureau de paix de Vézelise a condamné à l'amende et à la
prison, l'adjoint d'une des communes du canton, qui s'était prêté à une
manifestation de ce genre.

2. Noël. *Mémoires sur la Lorraine.*

3. V. de Saint-Mauris. — *Etudes historiques sur l'ancienne
Lorraine.*

« Les feux de bure, souvenir du paganisme que l'Eglise avait consacré, ne pouvant le détruire, sont éteints aujourd'hui. Mais celui qui a écrit ces lignes a vu encore, en sa jeunesse, dans une petite ville de Lorraine, fêter le dimanche des *Valentins,* qui, comme celui des *Brandons,* dont il était originairement une suite, tombait au premier dimanche de carême. A cette époque de l'année, les plaisirs de l'hiver ont fait naître au sçu et vu de chacun, des inclinations qui se dénouent fréquemment par le mariage. En raison de ces remarques plus ou moins fondées, des bandes de jeunes gens, auxquelles ne craignaient pas de s'adjoindre des personnes d'un âge mûr, parcouraient le soir, à la nuit close, les rues silencieuses de la petite ville, s'arrêtant tour à tour sous les fenêtres de ceux ou de celles qui avaient fourni matière aux observations. Alors le Stentor de la troupe s'écriait : *Je donne, je donne.*— Qui, qui ? répondait un compère, Mademoiselle *** à Monsieur ***. — *Elle l'aura,* — *elle ne l'aura pas.* — et le refrain s'alternait de bouche en bouche. Assez souvent il arrivait que ce ban sonore de la rue ne précédait que d'un court espace de temps, le ban que le curé proclamait en chaire avec plus de convenance.

Mais, d'autres fois, la malignité se plaisait à signaler ainsi des relations équivoques entre gens qui n'avaient pas pour refuge le port de l'hyménée, ou bien encore à froisser les amours propres par d'étranges associations de noms. Dans ce cas, une fenêtre manquait rarement de s'ouvrir, de laquelle tombaient force malédictions ; heureux les mal avisés crieurs quand la colére ne s'épanchait pas sur eux en pluie rien moins que limpide. Il était d'usage que le Valentin envoyât au moins un bouquet

à sa Valentine. S'il y manquait, on le brûlait, c'est-à-
dire que le dimanche suivant, on allumait un feu de
paille sous ses fenêtres. »

De tous nos usages locaux, il en est un surtout qui a
résisté aux atteintes du temps ; vivace et persistant il
semble enraciné dans nos mœurs et promet encore de
durer longtemps ; nous lui consacrerons quelques lignes
d'autant plus volontiers qu'il se résout, la plupart du
temps, en une distribution de gâteaux et de bonbons, et
que MM. Noël, Beaulieu et Richard n'en ont pas dit un
mot, dans leurs études sur les traditions et croyances
populaires de notre province. Nous avons nommé la fête
de Saint-Nicolas, à la fois le patron des enfants et le
patron de la Lorraine.

Personne n'ignore comment l'évêque de Myre est
devenu le protecteur de la jeunesse ; mais si le miracle
du baquet nous est familier et si toutes les images nous
représentent les trois petits garçons ressuscités et prêts
à sortir de leur abominable saumure, les renseignements
sont loin d'être aussi précis, sur les circonstances qui ont
placé la Lorraine entière sous le patronage du grand
persécuté de Dioclétien. Tout ce que nous savons, c'est
que dès le XVe siècle, l'armée lorraine arborait, brodée
sur ses guidons, la figure du grand Saint-Nicolas. Parmi
les papiers provenant des Bénédictins de Saint-Nicolas,
et qui sont aux Archives du département, se trouve une
pièce intitulée : *Extrait d'un viel manuscript de la vie
des ducs de Lorraine*, où on lit : « En la bataille devant
Nancy, le 5 janvier, contre le duc de Bourgoigne, les
guidons du duc René estoient de damas blan, frangés de
mesme et parés d'une bordure d'or où estoit peinte
l'image de saint Nicolas, la camisole duquel estoit d'ar-

gent, la tunique et dalmatique de bleu azuré et la chappe d'or frisé ; sur sa teste avoit une mitre faite de riche brodure, tenant une crosse d'or d'une main et de l'autre donnant la bénédiction à trois petits enfants yssants d'une cuve d'or, le tout environné d'une nuée au naturel de laquelle sortoient de grands rayons d'or. »

Quant à fête du saint qui, en Lorraine, remplace les arbres de Noël de l'Alsace, nous ne saurions en donner une idée plus exacte qu'en reproduisant le gracieux récit inséré, lors de son dernier anniversaire (6 décembre) dans une des feuilles quotidiennes de Nancy :

« C'est donc pour la première fois qu'il nous a été donné d'assister à la fête de saint Nicolas, et nous lui trouvons infiniment plus de charme que la grande fête de Noël, celle-ci est plus sérieuse, plus solennelle, celle-là est toute rieuse et enfantine. Jugez-en :

La veille les rues sont encombrées de gens qui vont et viennent pour faire les emplettes de bonbons et de joujoux destinés aux enfants. La joie brille sur tous les visages, on est heureux d'avance du bonheur qu'on va porter à ces chers petits êtres, qui vous tiennent tant au cœur. Le soir arrive, les magasins sont splendides d'éclairage. Les Saint-Nicolas avec leur cortége de gamins, se partagent les quartiers, ou bien quelques gens, amis des familles, revêtent le costume du grand Saint, costume dont le papier doré fait les plus grands frais ; mais il est complet : le surplis, la chasuble, la mitre, voir même la crosse, rien n'y manque ; Saint-Nicolas est précédé d'un sinistre personnage tout noir avec des cheveux tout hérissés, une corbeille de verges sous le bras gauche et une clochette à la main. C'est le père Fouettard, qui distribue des verges au lieu de bonbons aux enfants méchants et paresseux.

Nous allons pénétrer avec eux, si vous le voulez bien, dans une charmante famille que je connais. Regardez : le père Fouettard agite la sonnette, tout le monde se précipite à genoux ; les petits enfants se pressent autour de leur mère, inquiets et agités, saint Nicolas fait son entrée majestueuse et distribue sa bénédiction, l'exécuteur des des..... basses-œuvres se tient un peu à l'écart. Voici le dialogue qui s'établit entre la mère et les autres personnages :

— Vos enfant sont-ils sages, madame ?

— Pas toujours, saint Nicolas !

— Savent-ils leurs prières ? Je vais m'en assurer, voyons mes petits enfants récitez vos prières.

Il faut voir alors ces petites mains jointes, ces yeux baissés, ces lèvres pures qui commencent à peine à bégayer, dire à haute voix : « Notre Père, qui êtes aux cieux », puis la prière au petit Jésus, puis à la sainte Vierge, et puis encore demandant à Dieu la santé et le bonheur pour leurs parents. Non rien n'est touchant comme ce tableau.

— C'est bien, c'est bien , mes enfants, interrompt saint Nicolas, je vois que vous êtes bien sages, et je vais vous récompenser.

— Un instant ! intervient le père Fouettard, mais je sais que Jules est gourmand et Alfred paresseux ; est-ce vrai, madame ? Je sais aussi que Marie a égratigné son frère et qu'elle se met souvent en colère. Approchez, mes enfants, est-ce vrai ?

Confusion et frayeur extrême chez ces pauvres petits.

— C'est vrai, père Fouettard, mais ils demandent pardon à saint Nicolas, et ils promettront d'être bien sages.

— Eh bien, mes enfants, demandez pardon, à genoux, au grand Saint ; dites lui que vous aimerez bien le bon Dieu, que vous serez bien sages et bien obéissants afin de ne pas faire de chagrin à papa et à maman.

— Pardon, grand saint Nicolas, nous n'y ferons plus jamais, jamais.

La distribution des joujoux se fait ; cris de joie, explosions de rires, tous les tabliers tendus devant saint Nicolas qui se retire gravement en donnant sa bénédiction, et qui disparaît au milieu des cris répétés de : Vive saint Nicolas, adieu, à l'année prochaine[1]. »

Cette réjouissante visite du soir n'est qu'un avant goût des libéralités et des surprises agréables du lendemain. Avant de quitter ses jeunes protégés, saint Nicolas leur laisse entrevoir qu'il reviendra dans la nuit pour leur donner des récompenses nouvelles et alors les enfants avant de se coucher ont l'habitude de porter leurs souliers sous la cheminée de l'appartement et de les y laisser passer la nuit.

C'est dans ces souliers que les parents ou amis déposent leurs cadeaux ; ce sont des friandises ou des jouets pour les enfants qui ont été sages, une verge pour ceux dont la conduite n'a pas été convenable.

La légende rapporte que saint Nicolas, ayant su que trois jeunes filles étaient sur le point de vendre leur honneur pour se soustraire à la misère, leur fit arriver

1. Cet article signé Gratia Blanc est extrait de la *Gazette de l'Est* numéro du 9 décembre 1874.

secrétement à chacune, une bourse remplie d'argent. Cette aumône leur forma une dot qui leur procura le moyen de s'établir honorablement et de conserver leur vertu. C'est ce fait que l'on peut donner comme origine de la coutume de mettre les souliers à la cheminée pour recevoir quelque don de saint Nicolas[1].

1. *Bulletin de la Société d'archéologie lorraine* t. I, p. 53.

IX

L'OFFICE DU ROI DE POLOGNE.

—

Comment on préparait les coqs de bruyères et les plongeons du Nord. — Le véritable vin de Tokai de Lunéville. — Les cuisines du Roi. — Le Cannaméliste français. — Un dessert à la Cour. — Les surtouts et les dormants de Joseph Gilliers. — Les œuvres de Cyfflé au service de la gastronomie. — La pâtisserie du XVIIIe siècle. — La tarte aux fleurs de lys. — Un mot sur les confréries de Saint-Honoré. — Le Bébé de Stanislas. — Notre dernier plaisir.

Dans son admirable étude sur la *Réunion de la Lorraine à la France*, M. le comte d'Haussonville a tracé, de Stanislas, le plus attrayant portrait. Autour du personnage en grand costume, la plume délicate et brillante de l'artiste a su grouper, avec un goût exquis, les accessoires les plus riches et les plus gracieux de la petite cour de Lunéville, et l'on croirait volontiers, avoir fait

intime et complète connaissance avec l'aimable prince,
quand on a assisté aux prodiges de tendresses et de
coquetteries par lesquels il s'efforçait de faire vivre de
bon accord ensemble, le père Menou, son confesseur, et
sa maîtresse, la marquise de Boufflers.

Et cependant, tout n'a pas été dit ; car nous, simple
volontaire de la Phalange des Lotharingistes, nous ose-
rons, même après l'illustre Académicien, parler encore
du Roi de Pologne ; nous essaierons de déshabiller le
héros, nous le suivrons pas à pas dans les cuisines de
son château, et nous détaillerons, par le menu, les
recettes et les pratiques plus ou moins secrètes, à l'aide
desquelles, il agréait parfois, au royal Epicurien, de
transformer sa table, en un autel consacré au culte de la
haute-gourmandise.

Stanislas n'était pas seulement un artiste et un homme
de lettres[1], il passait aussi pour un gastronome. Il avait
introduit, en Lorraine, l'usage de plusieurs mets et des
procédés culinaires qui y étaient inconnus avant lui.
Ainsi il mangeait, sans cuisson, la choucroûte ou des
choux râpés saupoudrés de sucre et des viandes cuites
avec des fruits ; il faisait servir, comme gibier étranger,
et pour plongeon du Nord, des oies plumées vivantes,
tuées à coups de baguettes et marinées. Traités de la

---

1. Il est l'auteur des différents ouvrages de philosophie, de morale
et de politique, imprimés sous le titre d'*œuvres du philosophe
bienfaisant*, 4 v. in-8°, 1763. Comme peintre il a laissé notamment les deux tableaux dont la mention suivante est extraite de l'inventaire fait après le décès du duc Ossolynski : « M. le grand bailly
de Thiange peint en pastelle de la main du Roy. — Un tableau représentant une vierge avec l'enfant Jésus sur ses genoux, peint en
pastelle par le Roy, — » inventaire manuscrit du 2 juillet 1756, bibl.
du Musée lorrain.

même manière, des dindons étaient transformés en coqs de bruyères, après qu'on avait eu soin de mettre, dans la marinade, des herbes odoriférantes de nos bois. Le prince poussait la manie des imitations artificielles jusqu'à fabriquer lui-même des breuvages qu'il offrait pour vins de dessert.

François Étienne de Lorraine devenu, du chef de son épouse, roi de Hongrie, avait coutume de lui adresser annuellement une feuillette de ses meilleurs crûs. L'envoi avait lieu en grande cérémonie : le tonneau placé sur une voiture pavoisée aux armes d'Autriche et de Hongrie, était escortée par quatre grenadiers, sous les ordres d'un sergent. Stanislas témoignait toujours une grande joie à l'arrivée du cadeau de son prédécesseur. Profitant alors de cette circonstance, pour se livrer à son goût des manipulations, il mettait un tablier, et aidé d'un de ses favoris, il imitait le Tokai de Hongrie, avec du vin de Bourgogne additionné de divers ingrédients ; le mélange entonné dans des bouteilles faites exprès, à la verrerie de Portieux, était ensuite distribué aux grands et aux seigneurs de la cour, comme vin de l'empereur d'Autriche, et nul, on le pense bien, ne cherchait à expliquer ostensiblement le secret de la multiplication du vin impérial et royal[1].

Malgré ses bizarreries septentrionales et ses innocentes supercheries, Stanislas avait toujours une table correctement servie. Quand des personnages importants, et surtout des hommes de lettres, étaient reçus à la cour de Lunéville, l'auteur des *OEuvres du philosophe bien-*

1. M. Noël, dans son 5e *mémoire sur la Lorraine*, t. II, p. 228, raconte le fait, sur la déclaration de vieillards qui en avaient été témoins.

faisant traitait ses convives et ses confrères avec beaucoup de recherche.

L'*Almanach royal* de la cour du roi de Pologne pour 1766[1], constate que le service de la bouche était confié à un premier maître d'hôtel, le comte de Bela, ayant sous ses ordres trois maîtres d'hôtel ordinaires, cinq chefs cuisiniers, dont un pour les voyages, six aides, trois garçons de cuisine, cinq relaveurs, quatre marmitons et un garde-vaisselle. Un chef, deux aides et deux garçons étaient chargés de la *Rôtisserie*. — Le service de la *Pâtisserie* comptait un même nombre d'employés, enfin deux chefs et trois officiers présidaient à l'*Echansonnerie* et à la *Paneterie*.

Puis venaient six couvreurs de table, un contrôleur, un chef du café, etc.

L'art de préparer et de dresser le dessert, cette partie du service connue sous le nom d'*Office*, était surtout cultivé dans la maison du Roi avec une haute distinction : Joseph Gilliers qui remplissait les fonctions de chef d'office, était un éminent professeur. On peut en juger par l'examen d'un magnifique in-quarto dans lequel, en 1751, il a traité à fond « les usages, le choix et les principes de tout ce qui se pratique dans la préparation des fruits confits, secs, liquides ou à l'eau-de-vie, ouvrages de sucre, liqueurs rafraichissantes, pastilles, pastillages, neiges, mousses et fruits glacés »; livre que son auteur a intitulé : *Le Cannamélîste français*[2].

1. Petit vol. in-16, rare et conservé à la bibliothèque publique de Nancy.

2. Le *Cannamélîste français*, par Gilliers, chef d'office et distillateur de S. M. le roi de Pologne, in 4° de 240 pages, Nancy Cusson. — 1751 avec planches. — Le dictionnaire de l'Académie définit la *Canamelle*, genre de plante dont la canne à sucre est une des principales espèces.

Loin de ressembler à nos *Cuisinières bourgeoises* ou autres manuels traitant de la cuisine et de l'office[1], l'œuvre de Gilliers est un livre de luxe enrichi de nombreuses planches, dues au crayon de Dupuys, dessinateur des plaisirs de S. M. et gravés en taille douce par le célèbre François[2].

Pour prouver la haute estime, dans laquelle il tenait les travaux de son chef d'office, Stanislas en concédant le privilège de publication à son auteur, avait réservé que l'impression se ferait « dans ses états et non ailleurs, en bon papier et beaux caractères, et qu'un exemplaire en serait déposé en sa bibliothèque et en celle de son chancelier, garde des sceaux, le sieur de la Galaizière, » et le royal distillateur, dans une pompeuse préface, offre le fruit de ses travaux au duc de Tenczin Ossolinski, chef du conseil aulique et il déclare qu'il veut par là « *donner à tout l'univers* une marque publique de son profond respect » pour le familier du roi.

Au surplus ce traité, auquel avaient concouru les grands confiseurs de l'époque, les Cécille, les Travers et les Touchard, répondait par la savante variété du fond, à l'éclat de la forme.

En parcourant ce dictionnaire du biscotin et de la compote, on est tout surpris de trouver à Lunéville, au xviii⁰ siècle, tout ce que l'art moderne peut offrir de plus élégant, de plus savoureux et de mieux réussi.

Le sorbet lui-même, ce breuvage raffiné qui, reposant l'estomac, entre deux services, le prépare et l'excite à de

1. A l'exception bien entendu des livres de Jules Gouffé, si admirablement édités par la maison Hachette et Cⁱᵉ. — Le livre de cuisine, — id. de pâtisserie, — id. des conserves.

2. Graveur du recueil des plans de Héré.

nouvelles jouissances, le sorbet était déjà connu dans les festins de Stanislas.

On lit en effet à la page 217 du *Cannaméliste :*

« *Sarbotière* est le nom d'un vase qui est fait ordinairement d'étain ou de fer blanc et dans lequel on fait prendre, en neige, les liqueurs que l'on destine à être servies dans des gobelets, et pour en faire des fruits glacés. »

Puis vient une série de recettes et de descriptions, dans lesquelles une imagination féconde unit les arômes les plus exquis au charme du pittoresque et de l'imprévu, pour ménager des surprises aux goûts blasés et prolonger les plaisirs de la table.

Dans cette riche collection, choisissons un exemple :

Pour cela, il faut pénétrer dans la salle à manger du château de Lunéville. On est à la fin du repas, non pas d'un des grands couverts solonnels, il s'agit d'une de ces réunions presque intimes, composée de convives d'élite. Le dessert a succédé à un menu recherché, chacun est dans l'extase de la jouissance, dans le repos parfait de la béatitude. Le chancelier[1] échange quelques innocents badinages avec la marquise de Boufflers ; non loin de la favorite, la belle marquise du Châtelet ménage à l'heureux Saint-Lambert ses plus provoquants sourires, la

1. Chaumont de la Galaizière Voici ce qu'en dit M. de Dumast (Nancy, histoire et tableau). « Il était gracieux, surtout auprès de Mme de Boufflers, dont il passait pour s'occuper avec plus de succès que le Roi de Pologne, vieux attentif de la marquise. Aussi les plaisants de Lorraine, faisant allusion à une formule bien connue, employée par les souverains dans la tenue des Etats généraux ou des Lits de justice, prétendaient-ils que le bon Stanislas, après les premiers compliments à la belle dame, devait probablement ajouter : « Mon chancelier vous dira le reste. »

tête penchée et cachée à demi derrière son éventail, car
Voltaire est parmi les assistants. Tout à coup apparaissent,
disposés sur une serviette éblouissante de blancheur, un
jambon fumé et une langue fourrée enrichie de truffes.
Chacun se tait à ce spectacle inattendu, les appétits prêts
à s'éteindre, protestent secrètement contre l'opportu-
nité de ces pièces de résistance. Voltaire surtout semble
n'avoir d'autre ambition que de savourer le café, cette
liqueur tonique et exhilarante que la veuve Christian[1] a
le secret de préparer dans la perfection. Seul, au milieu
des convives étonnés, le bon Stanislas conserve sa par-
faite sérénité, et comme il est dans le secret de la sur-
prise imaginée par Gilliers, il se réjouit de la consternation
générale au moment où il donne le signal et l'exemple
de l'attaque du jambon et de la langue truffée. Tout le
monde en mangea, personne n'eut d'indigestion et on ne
tarit plus sur les louanges, quand il fut reconnu que le
jambon avait été fumé et la langue fourrée d'après la
recette suivante, extraite du *Cannaméliste*, page 105,
chapitre des neige et fruits glacés :

« Il faut mettre premièrement, dans le dessus de votre
moule, en forme de jambon, un lit de neige de crème,
ensuite un lit de neige de fraises ; emplissez l'un et l'autre
côté de ces deux neiges mêlées ensemble ; fermez votre
moule et le serrez de glace. Quand il sera levé, posez-le
sur une serviette frisée et pannez-le avec des macarons
bien secs, pilés et passés au tamis. »

Dans la langue fourrée, préparée d'après la même
méthode, les truffes sont simulées par du chocolat
glacé.

1. La veuve Christian « chef du café » dans la maison du Roi. —
Almanach royal pour l'année 1766.

On n'en finirait pas s'il fallait énumérer les ingénieux
artifices et les tours de force par lesquels Gilliers, se
conformant ainsi au goût de son maître, imitait des fruits
rares ou hors de saison, avec des navets et de simples
carottes. Constatons, avant de fermer ce livre du cannaméliste, que la question des *dormants et des surtouts*,
y est expliquée dans les plus grands détails et même à
l'aide de démonstrations géométriques, et que pour
charmer les yeux aussi bien que le palais de ses clients,
l'artiste faisait appel aux ressources combinées de l'ar-
chitecture et de sculpure.

Certains desserts composés par Gilliers et reproduits
par la gravure, dans son traité, présentent l'aspect d'un
jardin enchanté. Au milieu d'un parc-miniature qu'on
croirait dessiné par Lenôtre, s'élève une grotte en ro-
caille du sommet de laquelle jaillit une fontaine, à droite
et à gauche du massif de petits bas-ins contiennent les
eaux de deux gerbes liquides. De distance à autre, des
promeneurs, figurés par des statuettes, semblent par-
courir ces lieux charmants, d'autres y goûtent les douceurs du repos au milieu des fruits, des fleurs et des
sucreries. (Planche V, page 116 du volume).

Le surtout de table était devenu indispensable dans un
ameublement tant soit peu au complet. L'inventaire
général des meubles et effets du château royal d'Einville
constate que, dans le pavillon du côté de la garenne, il
existait un surtout en plomb représentant une chasse au
cerf et mesurant 5 pieds de long sur 3 de large[1].

1. Manuscrit in-folio, de la bibliothèque de M. J.-B. Thierry. —
Dans ce curieux inventaire, daté du 25 avril 1753 et signé Alliot et
Gergonne, concierge garde du château, on retrouve sous le péristyle

Du Palais ducal, le luxe de la table s'était répandu chez les grands seigneurs et dans les maisons bourgeoises. Une société brillante affluait au château de Girecourt-l'Urbion, où des fêtes continuelles réunissaient les restes polis de la cour de Lorraine. Chacun tenait à honneur de se distinguer par une belle tenue de table, par de bons mets et par quelques spécialités friandes dont on gardait le secret ; c'est ainsi, notamment, que la cuisine de la marquise de Croixmard s'était fait une réputation, pour des pâtés chauds de palais de bœuf.

Mais l'usage des desserts historiés de Gilliers acquit surtout une grande vogue et bientôt on dressa sur les tables de véritables jets d'eau, alimentés, pendant le repas, au moyen d'un réservoir placé dans une pièce voisine de la salle à manger. Ces surtouts n'étaient pas seulement une agréable fantaisie ; dans certaines maisons, ils s'élevaient à la hauteur d'un magnifique objet d'art, dont l'exhibition était réservée pour les festins de famille et grâce à l'admirable talent de Paul Cyfflé, on cherchait à imiter, en réduction, nos belles fontaines monumentales.

M. J.-B. Thiéry possède un de ces chefs-d'œuvre, digne de figurer dans un musée archéologique. Un pavillon à jour, soutenu par huit colonnes cannelées, abrite une vasque élégante. Au milieu du bassin, s'élève un rocher sur lequel une charmante Léda joue avec le cygne mystérieux et caressant. Le séducteur lance, de son bec, un jet d'eau qui retombe sur la reine imprudente. Une

du château, au bas du grand escalier, un meuble favori du Roi ainsi désigné : « Un fauteuil roulant à 3 roues, le dedans garni en moquette cramoisie et les rideaux de taffetas de même couleur, avec fourreau de toile écrue, servant à promener Sa Majesté.

légère galerie couronne le petit édifice au sommet duquel jaillit une gerbe d'eau entourée d'amours et de vases du meilleur goût[1].

Les groupes qui décorent les hôtels de la place Stanislas et de la Carrière à Nancy, peuvent donner une idée du type adopté par l'artiste pour ces gracieuses créations[2].

Parfois les statuettes de Cyfflé étaient remplacées sur les tables par ces figurines, célèbres produits de la manufacture de Saxe, si recherchés aujourd'hui pour l'ornement des étagères. Les convives avaient alors, devant eux, de petits Amours en capitains, en apothicaires, en hussards, en jardiniers, c'était, pour nous servir des termes de Burly[3], « tout un petit monde qui rit, qui chante, qui minaude, qui piaffe, qui grimace, qui se décollete, qui se rengorge avec une naïveté, une malice, une souplesse, une bouffonnerie vraiment incroyables, dans leur diversité. »

Ces amusantes surprises ne faisaient d'ailleurs pas perdre de vue la partie essentielle du dessert. Si tous les amphitryons n'avaient pas, sous la main, un Gilliers, pour délecter leurs convives, ils avaient, du moins, à leur disposition, les talents des nombreux pâtissiers de la ville.

---

1. Ce travail remarquable, haut de 68 centimètres et présentant une superficie de 73 centimètres carrés, avait été exécuté par Cyfflé lui-même pour l'ayeule maternelle de M. Thiéry, fille de J.-B. Villiez, premier juge consul de Lorraine et Barrois.

2 Voir une intéressante monographie de M. Morey, correspondant de l'Institut, sur *les Statuettes de terre de Lorraine*, Mémoires de la Société d'Archéologie, année 1871.

3. *Chefs-d'œuvre des arts industriels,* par Philippe Burly.

Or, il est facile de comprendre quels progrès avait faits leur industrie, en consultant les statuts de la corporation sur laquelle, c'est le cas de dire, quelques mots en passant. Les aspirants à la maîtrise devaient exécuter pour chefs-d'œuvre, les pièces de pâtisseries suivantes :

« Deux pâtés, l'un de jambon de Mayence, dressé dans la forme, à manger froid, le second en treff, garni de gibier ou venaison, à manger chaud ; une tourte d'inno-cens et un pâté chaud d'anguilles ou autres poissons, suivant la saison, et préparé en maigre ; deux des quatre tartres cy-après au choix des maîtres : la première dressée en quatre fleurs de lys, garnie de quatre sortes de confitures, la seconde de pistaches, la troisième d'amandes, la dernière de moëlle de bœuf ; une cuite de gros biscuits, une seconde cuite de macarons, et une troisième de massepains frisés et soufflés ; enfin, deux gâteaux de façon différente, glacés en sucre et garnis suivant la composition qui en sera donnée par les maîtres-jurés[1]. »

Il fallait toute l'expérience d'un fin connaisseur comme Stanislas, pour interpréter, d'une manière aussi savante par ses lettres patentes du 7 mars 1757, les chartes précédemment accordées aux pâtissiers, le 4 juillet 1732. Et certes, il n'était pas facile d'établir la limite exacte des droits et prérogatives culinaires des maîtres-pâtissiers. Plus d'une fois exposés aux tracasseries des rôtisseurs, ils s'étaient vu contester le privilége de préparer et de cuire les viandes. Ainsi, en 1703, un juge-ment avait été prononcé le 9 juillet, par la chambre du conseil de ville contre l'un d'eux, convaincu d'avoir servi,

---

1. *Archives de Nancy*, par H. Lepage, t. IV, page 165.

à de jeunes garçons, des viandes lardées et rôties ; le délinquant, en réparation de cette énormité, avait été condamné à payer une livre de cire à la confrérie de Saint-Laurent, patron des rôtisseurs[1].

C'est pour couper court à ces difficultés, que la charte de 1732, interprétée par Stanislas, avait accordé aux pâtissiers, outre leurs anciens droits, « celui de vendre et de débiter du bœuf à la Royale, des jambons, saucissons, langues, escargots[2], écrevisses et poissons ; de

1. *Archives de Nancy*, par H. Lepage, t. III, page 233. Cette rivalité entre les deux corps de métier se prolongea longtemps et se manifesta d'une manière bruyante, au grand scandale de la ville entière, en l'année 1769. A la procession solennelle de la Fête-Dieu, les pâtissiers prétendaient avoir le pas sur les rôtisseurs-traiteurs. Ces derniers, profitant du silence gardé à leur égard dans l'arrêt du 15 juin 1699, relatif à l'ordre des préséances, soutenaient avoir le droit de se faire précéder, à cette procession, par les pâtissiers, de manière à être plus rapprochés du Saint-Sacrement. Un conflit s'en suivit, les bannières furent brisées et il fallut l'intervention des gardes-françaises pour rétablir l'ordre. Le colonel du corps des grenadiers avait cru terminer le débat en déclarant que, la soupe précédant toujours les petits pâtés, les traiteurs devaient marcher d'abord, pour être suivis du corps des pâtissiers. Cette décision ne fut point acceptée d'une manière définitive, et les archives de la cour de Nancy contiennent de nombreux mémoires dans lesquels les corporations rivales exposent, d'une manière grotesque, les prétentions de leur amour-propre. (Voir notamment une requête présentée le 13 juillet 1769 et une autre du 13 juin 1770 ; en marge de laquelle on lit : La cour ordonne par provision que les traiteurs auront le pas sur les pâtissiers en la présente année. Nancy, le 13 juin 1770. Signé : Cœur-de-Roy, De Millet de Chevers. Communication de M. Bourgon, commis-greffier à la cour.)

2. Au XVIII° siècle, l'escargot se mangeait avec délices, et les vrais gourmets en sont encore friands dans le nôtre, quoiqu'il soit assez lourd à digérer. Il était en grande réputation à Nancy qui envoyait au loin ses escargots. Anciennement, les monastères et

cuire rôtis au four, et enfin de faire biscuits, macarons et massepains de toutes façons[1]. »

Dans l'origine et lorsque la pâtisserie n'en était qu'à l'enfance de l'art, les boulangers et les pâtissiers ne formaient qu'une seule corporation constituée sous le patronage de Saint-Honoré, par le cardinal Charles de Lorraine, en l'absence de son père Charles III, aux termes d'une ordonnance du 14 mai 1602. C'était le beau temps des quiches, des échaudés et des loriquettes, dont la tradition s'est transmise d'âge en âge dans les ménages lorrains.

Un débat, survenu à l'occasion du choix des chefs-d'œuvre, détermina les pâtissiers à se séparer des boulangers. Par un traité du 19 mai 1640, ils abandonnèrent à ces derniers « les ornements et rentes appartenant à la Chapelle Monsieur Saint-Honoré, leur patron, érigée en l'église Notre-Dame, moyennant le paiement d'une somme de huit cents francs » et ils formèrent une corporation séparée, toujours sous la protection du même patron, mais dont ils célébraient les cérémonies, dans l'église Saint-Sébastien.

Dès cette époque, la pâtisserie, malgré la rigueur des temps, prit un véritable essor, et l'on vit des mitrons émérites, transformés en hérauts d'armes, fouetter des

quelques châteaux, avaient leur escargotière, espèce de réservoir où l'on nourrissait l'*hélice vigneronne*. Ce mollusque s'y propageait et acquérait, par une nourriture choisie, une qualité qui le faisait rechercher. La tradition rapporte que les escargotières des capucins de Wrinbach et de Colmar jouissaient d'une certaine renommée, et que les amateurs laïques avaient la faculté de s'y approvisionner, en payant. (Gérard, l'Alsace à table, p. 34).

1. *Communes de la Meurthe*, p. II. Lepage, t. II, p. 205.

blàsons à la crème et, dans les élans d'une imagination féconde, servir, sur la table des grands, les plus fières armoiries émaillées de marmelade et de confitures. Nous en trouvons la preuve, au milieu, hélas ! des plus poignantes circonstances. Après sa captivité de Tolède, Charles IV était enfin rendu à la liberté en l'année 1661. Pour saluer son retour et lui donner un témoignage de leur inaltérable affection, les habitants de Nancy se cotisèrent et lui offrirent un magnifique service de vaisselle de vermeil et d'argent du poids de trois cents marcs au poinçon de Paris[1]. Mais à peine rentré dans ses états, le prince avantureux, avait par des allures inconsidérées, fourni à ses ennemis de nouveaux prétextes de persécution. La capitale du duché est bientôt envahie de rechef. Non-seulement les bourgeois sont obligés de loger et nourrir les soldats français, en même temps qu'on les oblige de marcher par brigades pour procéder à la démolition des fortifications Mais par un raffinement d'oppression, le grand Roi envoie à Nancy un convoi de vétérans estropiés auxquels la municipalité devra payer, « par chascun jour deux sols tournois et un pain de munition à partir du premier de décembre jusqu'à nouvel ordre[2]. » Digne successeur de La Ferté Senneterre, Colbert de Saint-Pouange impose coup sur coup de nouvelles exigences à la ville dont il est devenu gouverneur ; et les comptes de Jean César, receveur du domaine en l'année 1662 mentionnent à chaque page les écrasantes dépenses de linge, de nappages, de marmites d'airain, ustensiles de cuisine, et autres fournitures de tous genres livrées à « Monseigneur l'intendant ».

1. *Archives de Nancy*, cc 192 — 1662.
2. Idem, cc 189.

Au mois de janvier 1663, la caisse était épuisée et Messieurs du Conseil de ville réduits aux abois, la résistance étant impossible. Dans leur désespoir, ils tentèrent d'intéresser, à leur sort, les femmes même de leurs impitoyables et rapaces vainqueurs ; c'est alors que mettant à profit les talents de leurs pâtissiers, ils prirent à l'unanimité la résolution constatée dans nos archives par la mention suivante :

« Par déclaration et mandement absolu au bas cy rendu, le comptable à pajé la somme de deux cents six francs six gros pour un massepain tiré en bande présenté à Madame la Comtesse de Guiche, représentant ses armes garny de confitures et toutes sortes de couleurs avec douze libvres de confiture sèche de toute sorte présenté au nom de la ville le jour du nouvel an, et pour du taffetas blanc mis au fond du rondeau où estoit possé le dict massepain et pour huict aulnes de ruban d'Angleterre ponceau avec les galands[1] à l'entour, comme aussy pour vingt et une libvres de confiture sèche de plusieurs sortes présenté à Madame de Pradel au nom de la ville audict jour de nouvel an 1663 cy la dite somme de.......................... ij^{c}vj f. vi gros[2] »

Le comte de Guiche était commandant de la cavalerie française et Pradel venait de remplacer Saint-Pouange comme gouverneur de la ville. Au censeur qui reprocherait à nos édiles, cette démarche comme une galanterie

---

1. *Galants,* espèces de nœuds flottants, dans le genre des longs rubans que nos dames mettaient derrière elles en 1867, et qu'on nommait des « Suivez-moi, jeune homme. »

2. *Archives de Nancy,* cc 191. — Compte du receveur pour l'année 1662.

inconvenante, un manque de caractère ou une manifestation anti-lorraine, on serait tenté de répéter cette réponse que faisait, devant nous naguère, à un interlocuteur mal avisé, le maire d'une commune de la Meurthe en parlant des envahisseurs de 1870 : « Vous êtes plaisant avec votre fierté après coup ! ..... en présence de la force brutale, nous ne pouvions avoir raison d'eux qu'en les *gossant* [1] !

Cette digression sur les disciples de Saint-Honoré nous a entraîné bien loin de la Cour de Lunéville, et cependant il faut y revenir pour terminer cette esquisse des repas d'autrefois.

Après avoir fait d'immenses gâteaux d'amandes, ronds et percés comme des miches, on avait composé de grands babas, brioche mélangée de raisin de caisse et de safran et un jour quatre servants déposèrent, sur la table royale, un pâté monstre, en forme de bastion.

Tout à coup, le couvercle se lève, et des flancs de la citadelle, s'élance, armé de toutes pièces, un nain joyeux qui se livre, sur place, à toutes sortes de gambades et de gentillesses. C'était ce *Bébé*, que Stanislas aimait comme une enfant aime sa poupée ; chacun crut devoir s'extasier sur la souplesse et la grâce du guerrier-bijou, à l'exception d'un seul convive ; c'était un seigneur furieux d'avoir été piqué, au nez, par la lance dont *Bébé* était armé. La gaieté générale s'accrut de la fureur du blessé et ce dernier jura de tirer vengeance de la maladresse feinte ou involontaire du jeune impertinent. A

---

1. En patois lorrain, *la gosse* est l'estomac de l'oie ou du dindon, *gosser*, c'est y introduire de force de la pâtée, — *gossade*, c'est l'aliment introduit, — *se gosser*, veut dire avaler goulument.

partir de ce moment, le roi de Pologne attacha des gardes du corps au service et pour la protection de son nain favori[1]

Comme on le voit, le mot d'ordre était donné au chef d'office pour ménager des surprises aux invités en égayant leur vieux maître ; c'est qu'aussi l'agréable vieillard aimait à prolonger indéfiniment les séances épulaires, parce que, mieux que personne, il savait que, de tous les plaisirs, celui de la table est le dernier qui reste, pour nous consoler de la perte des autres.

1. *Mémoires pour servir à l'histoire de Lorraine*, par M. Noël, n° 5, p. 227. On peut voir au Musée lorrain plusieurs portraits de ce singulier personnage nommé Nicolas Ferry. Né à Plaine, village de la principauté de Salm, le 14 octobre 1741, il mourut le 9 mai 1764, après avoir su profiter de son crédit pour faire la fortune de sa famille. Dans la même principauté de Salm était né ce colosse choisi par Léopold, pour suisse de son palais de Nancy (page 134), et les habitants de Senones se plurent longtemps à constater le contraste de ces deux notabilités locales, en exhibant, aux étrangers, les gants du géant et les souliers du nain. (Durival, *Description de la Lorraine*, t. I, p. 249.)

X

OE N O L O G I E.

—

Les vignes de la Mosellane. — La côte des Chanoines. — Protection des crûs indigènes. — Le clos d'Houdreville. — Le vignoble de Condé. — L'année chaude. — Le Vigneron Royal et Ducal. — Introduction des gamays de Bourgogne. — Leur proscription. — La boîte de Stanislas et la cave d'Ossolynsky. — Emancipation de la vigne. — Statistique vinicole.

Du régime réglementaire des vins, et des officiers chargés d'en surveiller le commerce, nous avons dit quelques mots au passage ; mais en nous bornant à ces mentions sommaires, nous semblerions méconnaître l'importance de l'œnologie dans l'alimentation et rester insensible à l'un des plus grands bienfaits, dont il a plu à la providence de favoriser nos contrées.

L'histoire montre combien la vigne a été l'objet de préoccupations constantes. Pendant la période gallo-romaine, le bassin de la Moselle et de ses affluents possédait des vignobles dans les quels le *petit-noir,* importé d'Italie, semble l'espèce dominante ; et au IVe siècle, le poëte bordelais Ausone, préfet des Gaules, chante, dans sa dixième Idyle, les beautés de la Moselle renommée, dit-il, pour ses champs, ses colons, ses forteresses, ses treilles donnant un vin parfumé, ses rives verdoyantes et ses hommes de guerre. Le parcours du fleuve, depuis Châtel jusqu'à Metz et au-delà, prouve que ce tableau est encore aujourd'hui d'une exacte vérité.

Au temps de Charlemagne, les côteaux de la haute et de la basse Mosellanne étaient tapissés de vignes, et toujours ils ont produit des vins légers, sains et agréables à boire, c'est-à-dire les plus nécessaires à la santé et ceux qui contribuent le plus au développement de la richesse publique. Il est même de nos vins, que les souverains du pays et les consommateurs riches préféraient à ceux des vignobles de la France, les plus recherchés. On connait l'ancienne réputation des vins de Bar, de Thiaucourt, de Pagny-sur-Moselle, etc.

De tous nos vignobles en renom, celui sur lequel nous avons les plus anciens documents, situé aux portes de Nancy, se nomme encore aujourd'hui la *Côte des Chanoines.* Comme dans les bans de Bayon et de Pagny, la vigne y doit son succès, non-seulement à la nature, mais à l'exposition du sol présentant des escarpements au sud-est, au midi, et au sud-ouest. Dès le XIIe siècle les moines de Clairlieu tenaient, de la libéralité du duc Mathieu de Lorraine, cette vigne dont partie obvint plus tard aux chanoines de Saint-Georges, à qui elle doit sa dénomination[1] ; et comme nous le verrons plus loin, en

1. *Archives de Nancy,* t. I, p. 199.

1621, le duc Henri II, qui avait acquis quelques portions d'héritage à la « Coste des Chanoines », affecta à leur culture et à leur amélioration une somme assez importante.

René d'Anjou, dans le but d'encourager les progrès de la vigne, inaugura le système protectioniste, en prohibant l'entrée, dans ses états, des vins étrangers : « Comme nos pays du duché de Bar, dit-il, dans son ordonnance du 20 mars 1436[1], et mêmement ès dits bailliages soient pays et terre de vignoble, et que en iceulx lieux, la plus grande et saine labeur et marchandises que les habitants des dits lieux facent, soit de vins... et il soit ainsi que nonobstant ce que dit est, et que grâce à Notre seigneur, pour ceste année, les dicts vignobles aient été assez fertiles et par ce, bien garnis de vins, et compétemment bons et en quantité si souffisante qu'il peut souffire pour le fournissement de tous nos subgiez es dits bailliages, sans eux grêver ne domagier à en aller quérir dehors ; néantmoins puis peu de temps en ça, aucuns de nos subgez se sont avanciez d'aller quérir vins étrangers, tant en Bourgoigne, Joinvillois, Bar-sur-Aube, comme en la rivière de Marne... et tellement remplit le pays, qu'il n'est à présent homme marchand, ne aultre, qui quierre avoir nuls vins de susdits vignobles, parce que lesdits vins étrangers sont meilleurs que ceulx des dits vignobles... Qu'il ne soit homme qui plus continue le charier et aller aux susdits vins étrangers, pour déduire en nosdits bailliages, ne ez terres enclavées en iceulx, sur peine à ceulx qui feront le contraire, de payer vingt sols tournois pour chacune queuë, qu'ils

1. Dom Calmet, t. III, p. ccc xxvj.

admeneroient des dits vins... » mais c'était plutôt une sorte de droit d'octroi ou de circulation, car les vins n'étaient pas confisqués et la somme perçue recevait une destination patriotique. « Lesquelles peines nous voulons être converties, c'est à savoir, la moitié pour la réédification de nos châteaux et forteresses, et l'autre moitié voulons être convertie en pavements, fermetez et fortifications des villes où les dicts vins seront ainsi menez... Donné à Kœures, le vingtième jour de mars, l'an mil quatre cent trente six etc. »

Plus tard, le domaine ducal comprenait un vignoble important sis ban d'Houdreville. Une tour spéciale facilitait la surveillance et la protection du clos et un règlement en assurait l'exploitation : « Chacun chef d'hôtel » porte cette charte, « doit une semaine entière à la volonté des officiers, à bêcher la grande vigne de Monseigneur au lieu d'Houdreville, et au bout d'icelle doivent avoir chacun quatre deniers. Ils sont sujet d'aller quérir les poisseaux (pesseaux) pour la dicte vigne, jusqu'à la croix de Velle. Ils doibvent charroyer le sarment et les menus poisseaux de la dite vigne à Vézelise. Les deux chefs d'hôtels ou aussi bons doivent servir à vendanger la dite vigne. Ils sont tenus de mener la vendange à Vézelise et de fournir cuves pour ce faire. Les vendangeurs doivent avoir chacune journée, chacun douze michottes, savoir à diner quatre, à la marande deux et à souper six. Chacun char doit avoir pour chacune cuve quatre michottes. — Le maire du dit lieu doit commander les dits sujets pour servir aux dites corvées, et dit qu'il a accoutumé avoir, pour les corvées de bêche, un homme en son lieu pour bêcher ou servir où il lui plaît — il doit avoir une charrée de sarment et menus poisseaux de droit, être nourri avec les officiers et avoir des michottes autant que deux aultres »[1].

René II voulut à son tour améliorer les crùs ; il fit venir des cépages de Bourgogne et on lit notamment dans les comptes de 1486 « qu'une somme de seize francs fut délivée à un nommé Jean de Touche de la Marche, pour avoir amené de la vigne de Beaune pour planter en la vigne de Monseigneur le duc à Houdreville. » Les successeurs de René continuèrent à entretenir cette vigne, dont les produits figuraient, comme on l'a vu, par le Journal de Chahanay, sur la table de nos Ducs. 1,195 francs en 1612 et 1,572 francs en 1617 sont effectués « à la façon et entretènement de la vigne d'Houdreville ».

Dans le courant de l'année 1534-35, fut créé, au village de Condé (Custine) un second vignoble contigu au château transformé en résidence ducale. Parmi les dépenses faites à cette occasion, figure une somme de vingt et un francs payée à un individu qui y a amené de la plante de Bourgogne — en l'année 1584, il fut payé également à Françoys Langlois, vigneron au dict Condé trente-huit francs 6 gros « pour despens qu'il a faict allant quérir des plantes de Bourgogne pour planter en la vigne de Condé » — on trouve des mentions analogues pour les années 1598 et 1605.

L'usage de mettre les vignes en ban remonte au xvie siècle. La culture du raisin avait pris un développement considérable, favorisé par des années abondantes, notamment par la recolte de 1540, désignée sous le nom de l'année chaude. La moisson se fit alors quinze jours avant

1. Lepage. *Communes de la Meurthe*, t. I, p. 502.

la Saint-Jean et il ne coulait presque plus d'eau, dans la Moselle, quand on dut faire la vendange au mois d'août.

En 1578, Charles III voulut prémunir le producteur contre ses propres entraînements et il interdit, sous les peines les plus sévères, la vente de la vendange sur pied.

Pour empêcher en outre l'argent de sortir des frontières, il rendit un nouvel édit le 10 janvier 1585 aux termes duquel, facilitant le commerce du vin indègne, il soumettait les crûs étrangers à certaines entraves. Il était désormais « permis à tous marchands, voituriers, vignerons et autres qui mèneront vin du cru de ses pays aux étapes et marchés publics, ou en vendront en pièce en leurs caves et maisons privées, de les vendre de gré à gré ce qu'ils pourront mieux, selon la bonté du vin, et le vin d'Allemagne à la mesure aussi et de gré à gré. Quant aux vins des pays étrangers de quelle creute ils soient, il veut que les vendeurs et acheteurs d'iceux ne puissent, ni les vendre, ni acheter ès pays de son obéissance, soit aux étapes, soit aux maisons des particuliers, que préalablement ils n'ayent été taxés par personnes à ce commises, et à mettre prix, que celui du taux qui en sera fait, à peine de confiscation du vin contre les vendeurs, et aux acheteurs de leurs deniers payés ; enjoint auxdits commis d'en modérer le prix autant qu'il leur sera possible ; et néanmoins de n'en taxer, à quelqu'événement que ce soit, la demi-queue excédant le commun d'un virli du pays plus haut que d'un quart ; pour exemple, si le virli de vin de ses pays vaut par prix commun 16 fr., ils n'ayent à taxer la demi-queue de vin étranger à plus de 20, sur peine d'amende arbitraire et de privation de leur état ; défend à tous hôtelliers et cabaretiers de faire achat et provision desdits vins étrangers ès lieux où ils seront crûs, ni aussi ailleurs, ni autrement que de ceux qui seront amenés et exposés en vente sur les marchés, par personne y arrivantes de leur volonté, et sans intervention d'aucune pratique secrète, à peine de confiscation dudit vin, et d'une amende arbitraire contre l'hôte et cabaretier, et celui qui se trouverait lui avoir prêté nom en telle menée et collusion. N'entend pas néanmoins S. A. comprendre en cette défense les gentilshonmmes et personnes nobles et de notable qualité, qui voudroient acheter desdits vins étrangers pour le défruit de leur maison hors les dits marchés, pourvu que ce soit sans abus, fraude ou collusion avec les dits hôtelliers. »

Voici les mesures que devaient avoir les tonneaux des vins étrangers selon cette ordonnance, et dont copie était attachée aux carrefours de la ville.

La queue de Bourgogne 48 sextiers à 4 pots l'un..........................	192	pots
Celle de Bar sur Aube de 48 sextiers..	192	—
Celle d'Arbois de 50 sextiers.........	120	—
Celle d'Ay de 40 sextiers...........	160	—
Le virli de vin de pays de 32 sextiers..	128	—
La mesure de vins d'Allemagne de 4 sextiers et demi................	18	pots[1]

Tous les historiens s'accordent pour rendre hommage à l'extrême bonté qui honorait le caractère de Henri II.

A nos yeux, l'excellent duc est surtout un véritable viticulteur, c'est le régénerateur de nos côteaux. Toutes les heures qu'il peut dérober à la politique, toutes les

---

1. Lionnois. *Histoire de Nancy*, t. II, p. 101.

ressources qui n'ont pas été absorbées par l'achèvement des fortifications de Nancy, il les consacre à la culture et à l'amélioration de ses vignes ; les domaines de Gondreville et de Condé, la Côte des Chanoines et le clos d'Houdreville tour à tour se partagent ses soins. Retiré dans son château de Condé qu'il s'était plu à embellir et dont il avait fait sa résidence de prédilection, il s'efforça de renouveler les essences à l'aide de cépages étrangers. Ainsi le compte des receveurs généraux établissent qu'en 1612, il avait été payé 547 francs 4 gros 8 deniers tant pour « l'achapt de dix milliers de plans de vigne d'Ay, que S. A. a fait venir du bourg d'Ay, pour planter au regrandissement de la vigne de Condé, plus 108 francs à Pierre du Coing vigneron d'Ay, pour ses peines et vacations venu exprès à Nancy pour planter les dits milliers de plants d'Ay en sa dite vigne de Condé ».

C'est à la même époque qu'avaient été faites, à la vigne d'Houdreville, les améliorations signalées plus haut. Encouragé probablement par les succès et pour justifier son ordonnance prohibitive de 1610, le prince prescrivait les mêmes travaux dans sa vigne de Gondreville et dans le clos de la Côte des Chanoines, dont il venait de faire l'acquisition. En l'année 1621, « faict dépense le trésorier général de la somme de 588 francs tant pour labeur, culture et plantage du plant d'Avenay et d'Ay, de 4 jours 4 hommées d'héritage que S. A. a eus par échange d'Antoine Mortal, pannetier en son hôtel, icelle sise au ban de Nancy, à la Côte des Chanoines, que pour façon, entretien et frais de vendange en la dicte année[1] ».

1. Guérard. *Annuaire de la Meurthe*, 1852, p. 15.

Un propriétaire, toujours, professe, pour les vins récoltés sur ses terres, une estime toute particulière, il les place bien au-dessus des crûs les plus renommés ; le vigneron royal et ducal subissait la loi commune, charmé des résultats qu'il avait obtenus, Henri se faisait un plaisir d'envoyer, chaque année, aux souverains étrangers, un baril de son vin de Condé, comme un des plus rares produits de la Lorraine[1].

Charles IV à son tour étudia la question du vin indigène ; en 1626, par une ordonnance du 24 octobre, il crut devoir favoriser le consommateur, même aux dépens du producteur, en grévant le vin de Lorraine, à sa sortie, d'un impôt de douze francs par queue, six pour la demie, dix pour le virlin et sept pour le tonneau rond. En 1627, nouvelle ordonnance, qui autorise les propriétaires à faire enlever les arbres nuisant aux vignes ; puis, en 1630, les prescriptions de Charles III sont rapportées ; il est désormais permis de vendre du fruit de vigne pendant au cep.

Comme dans l'évêché de Metz, la culture se faisait à moitié fruits entre les maîtres et les vignerons. Ce mode de métayage semblait très-goûté et les vignobles se peuplaient beaucoup plus vite que les pays de labourage.

Sous le règne de Léopold, la culture de la vigne offrit au vigneron une ressource nouvelle ; alors on commença à distiller le marc du raisin, pour en obtenir l'eau-de-vie. Des offices, au nombre de 600, furent crées en l'année 1700 pour la fabrication et distillation des eaux-de-vie tant de vins, lies de vins que de marcs de raisins. L'hiver rigoureux de 1709 ayant détruit une partie des vieux

1. Dom Calmet. *Notice de la Lorraine*, t. I, col. 272.

cépages, Léopold s'efforça de remédier au mal en faisant
acheter en Bourgogne des plants de vigne plus fertiles
que ceux du pays ; c'est à partir de ce moment qu'il est
question des gamays et tresseaux de Bourgogne. Les
vignerons ne comprirent-ils pas, tout d'abord, les soins
particuliers réclamés par ces espèces? la vérité est que la
grosse race ne parvint pas à maturité ; un concert de
malédictions s'éleva de tous côtés contre les nouveaux
venus. En 1730, François III prohiba d'une manière
absolue la conversion, en vigne, des terres arables, à
l'exception des anciens vignobles ruinés au xviie siècle
pendant les malheurs de la guerre et des côteaux rapi-
des, incultes et inaccessibles à la charrue ; il voulait
qu'en cas de nouvelles plantations, on ne se servit que
des espèces appelées *pineaux* proscrivant, d'une manière
absolue, les grosses races ou *gamays* qu'il se réservait
de faire arracher même dans les anciens vignobles.

Vers la même époque, les officiers du bailliage et de la
police de Toul, par une ordonnance du 5 avril 1731,
prescrivirent l'extraction de toutes les grosses races
connues sous le nom de *govans blancs ou noirs,* de
gamays ou verdunois et de *focans.* Le parlement de
Metz en homologuant cette mesure l'étendit à tous les
vignobles du pays messin.

Quelques années plus tard, apparut, sur la culture de
la vigne, un mémoire de Durival, secrétaire de la chan-
cellerie de Lorraine. Ce travail avait pour but d'empêcher
les diverses mutilations faites, à la plante, par la routine.

Ces avis furent goûtés et les conseils désormais suivis.
En même temps (1776), un Sr Maupin, gérant du domaine de La Galaizière, à Neuvillers, fit d'heureuses
modifications dans la méthode adoptée jusqu'alors ; il

provoqua une fermentation violente par l'addition de moût bouillant et par la couverture des cuves ; il fit en outre égrapper une partie des raisins et obtint par là les résultats qui ont assuré jusqu'à nos jours, une qualité supérieure aux vins récoltés à Neuviller-sur-Moselle[1].

Stanislas était resté étranger aux efforts de l'initiative privée. Longtemps avant son règne, les clos de Condé et d'Houdreville avaient été convertis en terres arables, ses prédécesseurs n'avaient pas même conservé les pièces d'héritage de Gondreville ou de la côte des Chanoines, et il ne s'occupa des vins qu'au point de vue de sa consommation personnelle, car Lionnois nous apprend qu'à l'arrivée du roi de Pologne, « M. Alliot fit goûter, à ce prince, différents vins pour fixer sa boîte, et il n'en trouva pas qui lui plût davantage que celui de Malzéville, tiré des vignes de Mme d'Hoffelize, avec laquelle M. Alliot fit marché pour toutes les années, à 12 fr. la mesure pour la provision du roi seul[2]. »

Connu sous le nom de *Côte-Rôtie*, le vignoble qui s'étend de Malzéville à Pixerécourt était presque entièrement planté de *petit-noir* ou pineau, cépage qui fait encore le fond de presque tous les clos en renom. Malheureusement ce plan sujet à la coulure, est peu fertile et manque souvent ; c'est ce qui a obligé beaucoup de producteurs à y renoncer pour le remplacer par d'autres races. Cette circonstance rendait ce vin plus précieux encore pour les gourmets qui tenaient à honneur de le

---

1. Bécus. *Statistique agricole de l'arrondissement de Nancy*, p. 329.

2. *Histoire de Nancy*, t. II, p. 102. Alliot, conseiller aulique et commissaire général de la Maison de Stanislas.

voir figurer dans leurs collections. Le riche inventaire dressé au décès du duc Ossolinsky, constate qu'une pièce de ce crû est rangée sur les mêmes travées entre les vins de Hongrie, du Rhin, les Nuits, les Mâcon et une feuillette de vieux Bar. Le fut contenant quatre mesures, n'est pas évalué moins de « quatre louis, faisant quatre-ving-seize livres », tandis que cinq mesures de Mâcon ne sont comptées que pour soixante livres[1].

Le code rural de 1791 établit le régime de la liberté des cultures. La vigne émancipée sortit des limites restreintes des anciens vignobles et descendit dans les terres à grains et même dans les prairies et les chenevières. Il est rare en effet qu'on ne sorte d'un excès pour ne pas se jetter dans un autre, et c'est à ce développement excessif de la viticulture, que des hommes compétents attribuent l'abaissement de la qualité du vin, plutôt qu'à l'invasion des grosses races dites gamays de Bourgogne. Au commencement du XVIIIe siècle ces gamays, comme on vient de le voir, ne mûrissaient pas bien, mais plus tard, la maturité de ces raisins devint contemporaine de celle des races du pays. Le vigneron, par l'expérience, avait appris à cultiver et à tailler les gros plants. D'autres circonstances contribuèrent bientôt à modifier la culture du raisin. L'hiver de 1789 venait de détruire une partie de vieux cépages; puis la vente des biens nationaux fit passer les grands clos, des mains des anciens seigneurs et des couvents, en celles de vignerons intelligents qui entendaient avec raison vivre de leurs produits. Le printemps des premières années de ee siècle fut généralement froid

1. Inventaire dressé le 2 juillet 1756, lendemain du décès de Maximilien François duc de Ténezin Ossolinsky, premier grand officier de la Maison de Stanislas. Manuscrit de la bibliothèque du Musée lorrain.

et tardif ; on sacrifia alors les plants fins à ceux qui repoussent des raisins, après la gelée des premiers bourgeons, en avril et mai. La famille des gamays envahit alors toutes les terres substantielles du bas des côtes et les restes de la nombreuse tribu des pineaux, se réfugia dans les marnes calcaires et arides qui couvrent les hauteurs des terrains jurassiques, principalement de l'arrondissement de Toul. A partir de cette époque, un grand nombre de citoyens éclairés dirigèrent leurs soins vers le perfectionnement de la culture de la vigne et de l'amélioration des vins.

En général, le vigneron lorrain plante confusément des cépages de toute nature, qu'il sait cependant fort bien distinguer pour la taille, en sorte que la qualité du vin est plus ou moins bonne, suivant que les petites ou les grosses races dominent dans le clos. On peut toutefois reconnaître trois classes de vin dans les vignobles de la Meurthe : 1° celui des pineaux fournit la première qualité ; 2° une qualité intermédiaire provient des raisins mélangés des petite et grosse races. C'est le *passe-tous-grains* de la Bourgogne ; 3° et le vin produit exclusif des grosses races, qui n'a de qualité que dans les années favorables.

Sur dix années de vendanges on compte généralement trois années de qualité supérieure, trois médiocres ou marchandes, et quatre années vertes ou pourries.

Cependant un intéressant article publié récemment par l'*Echo Toulois*[1] rappelle que depuis le commencement de ce siècle, les années de grands vins, comme 1811, 1822, 1834 et 1865, sont de véritables raretés et

____

1. Article inséré dans le journal d'agriculture *le Bélier*, n°ˢ des 14 février, 21 mars et 4 avril 1875.

que par contre, les années maudites se multiplient[1].
Quoiqu'il en soit, les statistiques officielles constatent,
qu'après la production des blés et des fourrages, celle du
vin est la plus importante de notre département. En
1850, la surface des vignobles s'élevait à 16,045 hectares,
dont 7,161 pour l'arrondissement de Nancy, et 5,274
pour le Toulois. D'après le même document, de tous les
départements de la France, le nôtre est le 43e pour
l'étendue des vignobles, le 9e pour la quantité de vin
produit, qui est évaluée à 912,110 hectolitres, et le premier pour le produit, relativement à l'étendue du terrain
planté.

En évaluant seulement à 12 francs le taux moyen de
l'hectolitre, les 912,110 hectolitres de 1850 produisaient
un capital brut de 10,945,320 francs, auquel il faut
ajouter 675,000 francs représentant la valeur de 1,500
hectolitres d'eau-de-vie de marc. Si du produit brut de
la vigne on déduit les frais de culture et de préparation
du vin, ce qui est évalué par les gens expérimentés à 400
francs l'hectare, soit pour 16,045 hectares, la somme de
6,418,000 francs, il reste un produit net de 4,527,320
francs, non compris celui de l'eau-de-vie. De toutes les
industries du département, c'est le résultat le plus ré-
munérateur.

Les choses ont-elles changé depuis 1850? D'après
la statistique agricole récemment publiée par M. Becus,

---

1. Les vignerons du Toulois ont baptisé de noms antipathiques
quelques-unes des plus mauvaises récoltes : le 1829 est du *Caboual*,
nom d'un assassin connu dans le pays ; le 1860, dont on se défaisait
difficilement à 4 francs la mesure à cause de sa mauvaise qualité, est
du *Garibaldi*, et le petit vin fier et sans couleur de 1866 est désigné
sous le nom de *Bismarck*, en souvenir de Sadowa.

on compte actuellement, dans le seul arrondissement de
Nancy, 7,742 hectares, cultivés en vignes, et dans l'arrondissement de Toul 5,950, ce qui accuse une très-
importante augmentation sur les chiffres posés plus haut.
Ajoutons qu'aujourd'hui le prix moyen de l'hectolitre a
atteint le chiffre de 25 fr. depuis 1864, et que sur ces bases
les 7,742 hectares du seul arrondissement de Nancy, à
raison de 55 hectolitres à l'hectare, donnent un produit
annuel de 425,810 hectolitres dont la valeur brute est de
10,645,250 francs. Une dernière observation : D'après
le même auteur, les meilleurs vignobles sont ceux de
Pagny, de la côte des Chanoines, de Neufvillers, (partie
ouest), Bainville-au-Miroir et Saint-Flin, près Saint-
Nicolas. Qnant aux vignes de Gripport, Roville, Flavi-
gny, Messein, Neuves-Maisons , Pont-Saint-Vincent,
Chaligny et Maron, elles donnent des récoltes abondantes
qui soutiennent avec avantage la concurrence des vins du
Midi et sont recherchées, surtout, pour la consommation
des Vosges[1].

1. Voir sur cette intéressante question, outre les écrits que nous
avons consultés, de M. Guérard, *Annuaire de la Meurthe*, 1852 ;
de M. Bécus, *Statistique agricole de l'arrondissement de Nancy;*
de M. Paté, *le Bélier,* journal d'agriculture ; le rapport du docteur
Jules Guyot sur *la viticulture du Nord-Est de la France*, *les
Annales de la Société d'Emulation des Vosges,* années 1871, 72
et 73 ; travaux de M. Brénier, de Charmes, et Ravon, de Brantigny.

XI

VAISSELLE ET ACCESSOIRES DU SERVICE DE TABLE.

—

Poterie. — Fayence. — Porcelaine. — Verrerie. — Vases d'étain. — Vaisselle d'or et d'argent. — Couverts. — Batterie de Cuisine, fer-blanc. — Linge de table. — Ordre des services. — Lavements et rince-bouches.

La vaisselle, les ustensiles de cuisine et en général tous les accessoires du service de table présentent à l'observation d'autant plus d'intérêt, qu'ils sont, sous certains rapports, l'expression des progrès de l'industrie et même de la civilisation d'un peuple.

Art enfanté par le besoin, la poterie est presque aussi ancienne que l'homme lui-même. A ses yeux l'argile a dû s'offrir longtemps avant qu'il ait su creuser les montagnes, pour y découvrir les métaux. L'effet des pluies lui aura montré qu'on peut l'amollir et la façonner et il ne lui aura pas été difficile, après cela, de la durcir au

soleil ou au feu. Comme de nos jours, la vaisselle de
terre cuite constituait anciennement le service de cuisine
et de table du peuple, et jusqu'au xiiie siècle, on ne
connut que la poterie rouge, brute et rugueuse, rude au
toucher et âpre à la lèvre. Des fouilles nombreuses ont
été opérées, dans ces derniers temps, aux environs de
Nancy, pour la création du canal de la Marne au Rhin,
des voies ferrées et des grands établissements de l'industrie du fer et du sel. Parmi les curieux objets mis au
jour par ces travaux, on remarque une série de vases en
terre, dont l'apparence et les contours uniformes attestent
la présence d'un grand nombre d'ateliers de poterie dès
l'époque mérovingienne[1]. Suivant M. Beaulieu, il existait au nord-ouest de Saint-Nicolas, dans un champ
situé au bas de la côte de la Madeleine, une usine
dont l'emplacement se révèle par les tessons de poterie qui recouvrent le sol ; plusieurs d'entre eux,
dit-il, déposés au Séminaire de Nancy, portent les noms
des potiers *Sabinus, Amabilis, Satellus, Bornus, Len-
tulus, Nisanius* etc.[2] A cela se borne à peu près ce que
nous avons trouvé sur cette industrie ; il faut ajouter qu'il
y avait à Nancy, pour la poterie de terre, un marché spécial établi par ordonnance du 50 juillet 1620, au devant
de l'église des Dames prêcheresses[3] ; et comme, dans la
même ville, il u'y a jamais eu de corporation des potiers

---

1. Voir notamment les fouilles de Saint-Eucaire, de Liverdun, de
Sainte-Valdrée. — *Mémoires de la Société d'Archéologie lorraine
et Journal*, t. I, p. 22 du Journal ; t. XXI, p. 65, t. XXIV, p. 324
des *Mémoires*.

2. *Mémoires de la Société des Sciences et Lettres de Nancy*,
année 1848, p. 61.

3. Lepage. *Archives de Nancy*, t. I, p. 320.

de terre, on peut en conclure, que, comme les tuileries, les fabriques de vases de terre étaient l'objet de quelques exploitations isolées dans les campagnes.

—

Quand les grands seigneurs et les riches bourgeois ont-ils commencé à faire usage de la fayence ? Tiraient-ils leurs majoliques de la France ou de l'Italie ? On est tout surpris en parcourant la liste des professions exercées à Nancy en 1551, ou en énumérant les artistes et ouvriers conviés par Charles III dans son duché, de ne rencontrer aucun fayencier ou potier de terre vernissée, alors qu'à une époque contemporaine Henry IV venait de doter la France de plusieurs manufactures de fayence, notamment du célèbre établissement de Nevers; alors enfin que le grand duc lorrain avait appelé près de lui — « Pierre Mazzalao, Vénitien, venu pour faire la preuve de verres de cristal, façon de Venize[1] ». —

L'industrie de la fayence ne remonte pas, en Lorraine, au-delà des dernières années du règne de Léopold. Par lettres patentes du 14 juin 1731, le duc François « voulant traiter favorablement le sieur Jacques Chambrette, en considération de l'établissement qu'il avait fait à Lunéville d'une manufacture de porcelaine et de fayence lui accorde la franchise et exemption de toutes charges et impositions ordinaires et extraordinaires, même de la subvention, de la fourniture et du logement des gens de guerre etc. » Le 13 décembre 1749, Stanislas permit au même Jacques Chambrette « d'établir en ladite ville, une nouvelle manufacture d'ouvrages de terre de pipe, à l'imitation de ceux de cette nature qui se fabriquaient en Angleterre, et qu'on peut regarder comme demi-porce-

—

1. *Arch. de Nancy*, t. 1, p. 193.

laine, et l'autorisa à faire tirer en ses états, en tel endroit qu'il jugerait convenable, les matériaux propres à l'usage de ces deux manufactures, avec défense à tous autres maîtres de débaucher aucun de ses ouvriers. » Des lettres patentes du 17 avril 1758, « maintinrent Gabriel Chambrette et Charles Loyal, fils et gendre de feu Jacques Chambrette, dans la propriété, régie et gouvernement de la manufacture établie à Lunéville, tant pour la fabrication des fayences ordinaires que celles dites de reverbère et ouvrages en terre de pipe ; » les mêmes lettres accordent à cette usine le titre de manufacture royale. Malgré les priviléges que Jacques Chambrette et ses héritiers avaient obtenus, leur établissement ne put se soutenir ; leurs créanciers le firent vendre, et il fut adjugé aux sieurs Keller et Cuny, qui en étaient propriétaires en 1788 (Intendance de Lorraine).

Enfin un artiste dont la réputation grandissait chaque jour, Paul-Louis Cyfflé, sculpteur ordinaire du feu roi de Pologne avait obtenu de Louis XV des lettres patentes, en date du 5 mai 1768, lui permettant de créer à Lunéville, une manufacture dans laquelle il pourrait « cuire ou faire cuire, pendant quinze années, de la vaisselle qui serait supérieure à celle de la terre de pipe, sans être porcelaine et qui serait nommée terre de Lorraine, comme aussi de la fayence commune et ordinaire en employant la terre de pipe. » Tout le monde connait les charmants objets sortis des ateliers de Cyfflé, ces statuettes, ces groupes aussi remarquables par la composition que par le fini de l'exécution qui placent leur auteur parmi les plus habiles artistes lorrains du siècle dernier[1].

____

1. Lepage. *Communes de la Meurthe*, t. I, p. 643.

Le fondateur de la première fabrique de fayence de
Lunéville, Jacques Chambrette, créa, le 3 janvier 1758,
une seconde manufacture du même genre à Saint-
Clément ; Cyfflé, Mique et Loyal s'associèrent pour en
continuer l'exploitation en 1763 ; 120 ouvriers y fabriquaient la fayence dite de Lorraine, à émail opaque, la
terre de pipe émaillée dite terre de Cologne et de la
fayence peinte dite réverbère.

Le département des Vosges compta jusqu'à six fayen-
ceries à la fois : il y en avait deux à Senones, les quatre
autres se trouvaient à Epinal, Rambervillers, Saint-Dié
et Raon-l'Etape. La fayencerie d'Epinal, créée en 1760,
se distinguait de ses rivales par le nombre de ses ouvriers comme par la variété et la beauté de ses produits.
Ses fayences émaillées, imitant la manière anglaise, flat-
taient l'œil par l'éclat de leur lustre et l'élégance de leurs
formes. L'établissement de Rambervillers remontant à
1737 et celui de la Trouche, ban de Raon, fondé en 1781
étaient encore en activité en 1847 ; à cette époque, les
quatre autres avaient depuis longtemps disparu[1].

———

Chéruel, dans son *Dictionnaire des institutions de
la France*, raconte, d'après Legrand-d'Aussy, que ce
n'est guère qu'au xviie siècle qu'on connut et mit à la
mode l'usage de la porcelaine, c'était, même alors, chose
si remarquable que Loret, décrivant dans sa *Muse historique* un festin *vraiment royal*, donné en 1653 par le
cardinal Mazarin, dit que ce ministre

> " Traita deux rois, traita deux reines,
> En plats d'argent, en porcelaines. "

1. Ch. Charton. *Industrie des Vosges*, p. 995.

Il faut noter que, plus d'un siècle avant cette époque, la duchesse de Lorraine, ornait ses dressoirs de pièces de porcelaine, auxquelles, par leur rareté et leur nouveauté, on attachait presque autant de prix qu'à la vaisselle d'or et d'argent.

On lit en effet dans le testament de Philippe de Gueldres, écrit au couvent de Sainte-Claire de Pont-à-Mousson, le 25ᵉ d'octobre 1520 :

» Item , touchant nos biens meubles , voulons et ordonnons qu'ils soient départis à nos enfants, comme s'en suit. Premièrement etc.... Nostre fils Françoys aura pour sa part deux flacons, une douzaine de *tasses porcelaines*, une aquyerre, quatre petits chandeliers servant en chambre, et une coppe d'argent couverte [1]. »........

Quelques efforts furent tentés à Saint-Cloud en 1697 pour fabriquer de la porcelaine ; le régent encouragea, à Chantilly, de nouveaux essais, après la publication, en 1727, du mémoire de Réaumur sur la révélation, par le P. d'Entrecolles, des procédés de fabrication des Chinois ; mais la manufacture royale de porcelaine, originairement installée à Vincennes, ne date que de 1756, année dans laquelle la maison de Sully fut tronsformée à Sèvres en cet atelier dont la réputation allait bientôt devenir universelle[2].

On le voit donc, le petit Etat lorrain ne marchait pas à la remorque de la France, puisque les lettres de François III constatent l'initiative prise, sous le règne de Léopold par Jacques Chambrette. Mais à côté des grandes

1. Dom Calmet, *Preuves de l'histoire de Lorraine*, t. III, col. CCCLXXVIIJ (378).

2. Legrand-d'Aussy. *Vie privée des Français*, t. III, p. 210.

usines des Vosges, de Saint-Clément et de Lunéville, auteurs du général de Custines, mort en 1793 sous la hache révolutionnaire, les seigneurs de Nidervillers, avaient utilisé les immenses forêts de leur domaine, dans la prévôté de Sarrebourg, en créant, au commencement du siècle dernier, une manufacture de terre de pipe dont les produits acquirent rapidement une grande renommée. En 1765, le propriétaire fit venir de Saxe des ouvriers en porcelaine et poursuivit avec succès ce genre de fabrication. On y continua, en outre, le travail de la fayence jusqu'en 1785 et en 1789 on compait 150 ouvriers à Niderviller[1].

———

A quelle époque précise, le verre fut-il pour la première fois *ouvré* et *soufflé* dans nos contrées ? Le plus ancien document dont on n'a conservé qu'une indication sommaire, ne remonte pas au-delà de l'année 1373 ; puis on trouve indiqué dans l'inventaire du trésor des Chartes, layette Bar, des lettres du 18 avril 1408, par lesquelles, Robert duc de Bar, « a affranchi et exempté les verreries et fours à verre de Stefay, appartenant à l'abbaye de Lisle en Barrois, de l'impôt de douze deniers de tous les verres gros et menus pendant six ans. »

Jean de Calabre, gouverneur des duchés de Lorraine et de Bar, en l'absence de René d'Anjou, son père,

---

1. De ce moment, jusqu'en 1829, l'industrie de Niderviller prit de grands développements pour la fabrication des porcelaines blanches peintes et dorées. Sous la direction de M. Lanfroy père, membre du conseil général du département de la Meurthe, des artistes distingués furent attachés à l'établissement, qui joignit à ses produits, des figurines et des statuettes en biscuit, dont la plupart sont encore aujourd'hui fort recherchées. (H. Lepage, le *Département de la Meurthe*, t. II, p. 437.)

octroya, en 1448, aux verriers, une charte qui fut confirmée par le duc Jean II, le 15 septembre 1469. Par cet acte, les verriers sont assimilés aux nobles de race, déclarés exempts de tailles, aides, subsides et subventions, des droits d'ost, de gite et de chevauchée auxquels les nobles étaient eux-mêmes assujettis. Le prince veut que les produits de leurs usines circulent librement dans ses états, avec affranchissement de tout impôt; il pourvoit à leurs besoins par des concessions de panage, maronnage et chauffage dans les forêts ducales ; enfin les verriers jouissent des droits de chasse et de pêche ; mais plus largement partagés que les nobles, n'exerçant ces droits que sur leurs propres terres, ils peuvent chasser, quand et comme il leur plaira, dans les bois du Duc aux environs de leurs usines, pêcher à filet dans les rivières et ruisseaux de leur voisinage... et tous ces priviléges sont accordés, moyennant une minime redevance, non-seulement aux maitres verriers, mais encore à leurs ouvriers *ouvrant le verre* ; et tous les transmettront à leurs hoirs et successeurs[1].

Cette charte fait en outre connaitre les noms de plusieurs verriers et des lieux où ils étaient établis. Il existe encore aujourd'hui des descendants de ces premiers *gentilshommes verriers* et ils ont bien le droit de se faire gloire de cette noblesse qui en vaut une autre, malgré la plaisanterie attribuée à Henry IV par une tradition populaire : Le roi de France se rendant à Metz, en 1603, aperçut de loin les verriers de la forêt d'Argonne, accourus sur son passage, au pont de la Biesme, entre Clermont et Sainte-Menehould, — « qui

---

1. Layette Darney 2, n° 1. Archives de la Meurthe.

sont donc ces gens ? », demanda-t-il, — « ce sont des souffleurs de bouteilles » répondit le postillon. — « Eh bien, reprit le roi, dis leur de souffler au cul de tes chevaux pour les faire aller plus vite[1] ».

L'industrie du verre se développa non-seulement dans la prévôté de Darney, mais dans les bois de Neumont près Lamarche et généralement dans tout le duché. Aussi dès la première moitié du xvie siècle avait-elle acquis un assez haut degré de splendeur, pour mériter d'être signalée comme une des singularités du duché de Lorraine, *de ce parc d'honneur* dont un écrivain contemporain, défà cité dans ce recueil, Volcyr de Sérouville, a décrit les nombreuses merveilles.

« Pareillement les *voirrières* sont par tous les quantons du dict parc d'honneur, à grosse abondance et diverses espèces de besongnes, comme premièrement appert es boys d'Argonne, au balliage de Cléremont, près des limites de Champaigne en Gaulle, là où l'on faict de plusieurs sortes de voirres fins en la semblance de christallins, et d'autres voirres communs, autant que l'on sçauroit soubhaicter, et pour chose nouvelle veue de nostre temps, au lieu du Pont-à-Mousson, quinziésme jour de juing ou environ, le maistre voirier fit présent au prince, modérateur dudict parc, d'ung crucifix mis sur grande croix de voirre, en grosseur de la cuisse d'ung homme, accoustré si richement de couleur, que l'on estoit aveuglé de la beauté et lueur. Joinct semblablement que, à Raon, au pays de Vosges et à Sainct-Quirin, l'on fait des mirouers qui se transportent par toute la chrestienté. Ce que l'on racompte avoir esté

1. Beaupré — *les Gentilshommes verriers.* — Nancy, 1847.

faict au lieu de Bainville surnommé aux mirouers, assis
sur la rive de Mezelle, entre Charmes et Bayon[1]. »

Déjà nombreux au temps de Volcyr, les établissements
verriers le devinrent bien plus à la fin du xvi⁰ siècle et
au xvii⁰.

Thiéry Alix, président de la Chambre des Comptes
de Nancy, auteur d'une Description de la Lorraine,
restée manuscrite et rédigée en 1594, compte douze
verreries de grands verres et six de menus verres
dans la recette de Darney, trois des premières et une
des secondes dans celle de Dompaire. Il nous apprend
en outre quels étaient les débouchés de ces usines,
« dont une bonne partie de l'Europe est servie par
le transport et trafic continuel qui s'en fait ez Pays-
Bas et Angleterre, puis de là aux aultres régions
plus remotes et esloignées, sans aultrement faire estat
d'une quantité et nombre infini de petits et menus
verres. Les grands miroirs et bassins, et toutes aultres
façons *qui ne se font ailleurs en tout l'univers.* »

Il est facile de comprendre par cet exposé que les
bouteilles, gobelets et autres « petits et menus verres »
étaient d'un usage très-répandu et qu'avec la poterie, ils
pouvaient répondre aux besoins de la cuisine et de la
table, ce qui peut expliquer l'apparition relativement
tardive de la fayence.

La partie principale de la vaisselle se composait d'ustensiles de fer, d'airain et surtout d'étain. Le vase d'étain

---

1. *Cronicque abrégée par petis vers huytains des Empereurs,
Roys et ducz D'austrasie : avecques le Quinternier et singula-
ritez du Parc d'honneur.*

était le meuble indispensable de l'indigent aussi bien que du riche. Au xiiie siècle, l'infortuné atteint de la lèpre, avant d'être séparé du monde et relégué dans une léproserie ou mis en *borde*, avait droit à une housse ou robe longue, une pannetière, une cliquette et une écuelle d'étain. Florentin le Thierriat[1] rend compte d'un procès, dans lequel Messieurs de la Chevalerie avoient, en 1543, décidé, contrairement à l'arrêt de l'évêque de Toul, que la femme de Jean Blin, « estant tombé en léprerie » avait pu contracter valablement un second mariage, attendu qu'elle « avoit délivré au dict Jean Blin, en la maladrerie, un linceuil blanc, deux chaises de bois, un pot de fer, une aiguière d'étain et un petit chaudron » Ce qui était une satisfaction suffisante donnée aux règlements. — On a vu précédemment que, quarante-trois douzaines « d'escuelles d'éstain » formaient la partie principale de la vaisselle du banquet funèbre de Robert duc de Bar (page 40). Outre l'avantage de pouvoir être rajeuni par la refonte, l'étain se prêtait aux plus élégants caprices de l'art ou de la mode. Les buires, les aiguières et les plats de François Briot sont toujours conservés dans les cabinets d'amateurs comme les plus charmantes curiosités artistiques du xvie siècle, et les armoiries de la famille étoient les moindres ornements qui décoraient les services d'étain. L'usage de ce métal était si généralement répandu, il fut si longtemps conservé, que la corporation des potiers d'étain établie le 17 novembre 1708 comptait huit maitres quand il n'y avait à Nancy que deux verriers et quatre potiers de terre[2].

1. *Recueil de documents sur l'histoire de Lorraine*, année 1868, p. 83.

2. *Communes de la Meurthe*, t. II, p. 199. — Archives de Nancy, t. II, p. 808.

Entr'autres preuves de ce fait, on citera deux exemples puisés dans les descriptions officielles de mobiliers, du xviie et du xviiie siècle.

« Vaisselle d'étain — deux douzaines de plats de trois sortes, deux douzaines d'assiettes, une aiguire et une saillière estain d'Angleterre[1], plus un flacon et trois tasses estain commun, le tout de ladicte vaisselle marqué des armes de Bassompierre[2] ».

Et on trouve, dans l'inventaire déjà cité d'Ossolynsky : « Six plats et trois douzaines d'assiettes rondes unies, étain de Flandres neuf, pesant quarante huit livres, estimés dix huit sous l'une, fait quarante une livres douze sous.................................... 41 liv. 12[s]

Une douzaine d'autres assiettes d'étain de Flandre unies pesant douze livres, fait dix livres huit sous   10[l] 8[s]

Cent cinquante six livres d'étain commun façonné à neuf sous l'une fait soixante dix livres quatre sous....   70 4

Quatre grands flacons d'étain à eau dont trois garnis d'osier et l'autre de cuivre estimés ensemble dix huit livres... 18 »

—

La vaisselle d'or et d'argent se rencontrait chez les princes, chez les hauts dignitaires de l'église, chez les gentilhommes éminents et chez les plus opulents bourgeois. Elle ne devait manquer dans aucune grande maison, c'était en quelque sorte l'indice de la supériorité sociale. Il ne paraît pas cependant qu'en Lorraine le luxe de la vais-

1. On sait que l'étain des mines du comté de Cornouailles en Angleterre est le plus apprécié.

2. *Inventaire des biens de la succession d'African de Bassompierre* (1632-1637) par M. Gaspard, notaire à Mirecourt ; *Mémoires de la Société d'Archéologie lorraine,* année 1867.

selle plate ait été poussé aussi loin qu'en France. Telle
en était l'exagération qu'un de nos vieux historiens-
poëtes reprochait aux officiers de Philippe-le-Bel l'abus
qu'ils faisaient des vases d'or et d'argent.

> Ils ont grand vesselmente,
> . . . . . Pos et escucles
> D'or et d'argent, bones et beles,
> Coupes diverses et hennas (hanapes).

La nation entière suivait cet exemple que Philippe
crut devoir réprimer par quatre ordonnances successives.
La première, datée de 1294, défend à tous ceux de ses
sujets qui ne posséderont pas six mille livres de rente
tournois, « d'avoir vesselment d'or ne d'argent pour
boire ne mengier ; » en conséquence il est enjoint à ceux
dont le revenu est inférieur, de porter à la monnaie tous
leurs vases d'or et d'argent. Huit ans après, une seconde
ordonnance n'excepte personne de la prohibition, en
permettant toutefois aux rentiers de six mille francs, de
conserver la moitié de leur vaisselle. En 1310, défense
est faite aux orphèvres de fabriquer aucuns vases nouveaux et en 1313 il est ordonné d'une manière générale
de se défaire de la dixième partie de la vaisselle
conservée.

Charles-le-Bel se contenta d'interdire toute pièce qui
pèserait plus d'un marc, et Philippe de Valois renou-
velant l'ordonnance de 1310, défendit aux orphèvres la
fabrication de toute espèce d'argenterie quelconque.

Ces mesures n'atteignirent point le but proposé. Sous
Charles VI, tous les chanoines, suivant Eustache Des-
champs, possédaient une vaisselle d'argent doré. Juvenal
des Ursins, archevêque de Rheims, faisant un discours
en 1468, aux États de Tours, contre les différents abus

qui affligeaient la France, se plaint qu'il n'y ait presque personne, dans le royaume « qui ne veuille manger en vaisselle de cuisine d'argent. Les religieux de Saint-Denys qui n'avaient au réfectoire que des tasses de ce métal, consentirent à les livrer au comte de Dunois, dans un moment de gêne, pour payer la solde de quelques troupes mutinées. Dunois avait retiré, de ce don, environ quarante marcs. Enfin, lorsque Louis XI eut formé le projet de faire construire une châsse, pour les reliques de Saint-Fiacre, et de clore celle de Saint-Martin par une grille de 17,000 marcs d'argent, il nomma, dit Monstrelet, des commissaires pour « aller prendre et saisir toute la vaisselle qu'on pourroit trouver à Paris et autres villes. » Mais quoiqu'il payât raisonnablement toute celle qu'il faisait enlever, beaucoup de gens néanmoins cachèrent la leur ; de sorte, remarque l'historien, que quand on alloit à un festin ou à une noce, « lieux où on avoit accoustumé d'y en voir largement, n'y estoient trouvés que beaux verres et aisguières et feugières. »

Il serait bien curieux de posséder aujourd'hui quelques-unes de ces belles pièces de vaisselle d'or et d'argent qui chargeaient alors la table et les dressoirs des grands seigneurs, mais tout a disparu.

Nous n'avons pas même la description détaillée de ces magnifiques vases dont Volcyr vante la richesse, dans la relation du baptème de Nicolas-Monsieur. Nous trouvons quelques indications sommaires dans le testament déjà cité de Philippe de Gueldres, qui, partageant entre ses enfants la partie la plus précieuse de son mobilier, s'exprime dans les termes suivants : « touchant nos biens meubles, voulons et ordonnons qu'ils soient départis comme s'en suit. 1°, notre fils le Duc de Lorraine et de

Bar, y aura pour sa part de notre vasselle d'argent doré, quatre potz dorez, six tasses dorées avec le couvercle, deux bassins dorez, ung drageoir doré et deux flambeaux d'or, et nos tapisseries — item, notre fils le Cardinal aura pour sa part quatre grands potz d'argent non doré, une aquyerre couverte, demy douzaine de tasses mertellées, a bour et pieds dorés, et un petit pot servant en chambre. — Notre fils de Verdun aura pour sa part quatre grands pots d'argent non doré, une aquyerre couverte, demy douzaine de tasses mertellées à bour et pieds dorés et un petit pot servant en chambre. Notre fils François aura pour sa part deux flacons, » les tasses de porcelaine dont nous avons précédemment parlé, « une aquyerre, quatre petits chandeliers servant en chambre, et une coppe d'argent couverte. Et notre fils de Guyse aura pour sa part quatre potz d'argent doré, six tasses dorées, une couverte, une aquyerre dorée, un drageoir doré, une nave dorée, les deux grands flambeaux d'argent à mettre torche ; et pour ce qu'il a femme et enfant, jeune mesnaigiere, et leur maison mal fournie et mal meublée de toutes choses, nous lui donnons tout le reste et surplus de nos biens meubles, tant en vasselle d'argent, d'échanconnerie, de cuisine, d'étain, de cuivre et de fer, etc. »

Charles III, loin de restreindre le luxe de la vaisselle, semble au contraire vouloir encourager l'art de l'orfèvrerie : il organise dès l'année 1593 la corporation des maîtres et compagnons orfèvres de Nancy et pour assurer le succès d'un commerce artistique qui concourait à l'éclat de sa capitale, il s'efforce surtout d'assurer la sincérité du titre des matières d'or et d'argent ouvrées dans ses états. Ce n'est point seulement à Nancy qu'on rencontre des orfèvres habiles, leur nombre se multiplie dans les autres villes du duché, et les dispositions suivantes, extraites de la charte du 11 janvier 1605 nous renseignent suffisamment sur ce point.

« Et bien qu'en plusieurs autres villes et endroits de notre duché de Lorraine, terres, bailliages y enclavés, en celui de Saint-Mihiel et de Clermont, il n'y ait peut-être nombre suffisant de compagnons orfèvres, pour y dresser Maîtrise et Jurée à part ; si voulons, nous, qu'en toute la besogne de grosserie qu'ils feront et vendront, comme cuves, plats, bassins, aiguieres, salieres, réchauds, chandeliers, assiettes, flacons, tasses, coupes, gobelets, drageois. poivrier, vinaigrier, chapelles et autres semblables espèces, ils y besognent et les fassent au titre et poinçon avant dits ; et toutesfois pour les relever, des frais, peines et fatigues, de les apporter audit Nancy, à la preuve et marque de la Jurée dudit lieu, nous laissons à leur prudhommie et fidélité, de les marquer de leur marque particulière, laquelle, pour reconnoître si les ouvrages seront fidellement faits, et l'argent de la bonté que ci-devant sera autorisée, de la marque commune audit alérion couronné, qui sera et demeurera ès mains des Prévôts ou Mayeurs des lieux, pour aussi marquer l'ouvrage, après qu'il lui sera témoigné par les Maîtres et et compagnons du lieu, s'il y en a, ou à ce défaut, par le serment de l'ouvrier, qu'il est fait conformément à ce Règlement et prescrit ; en quoi nous enjoignons bien expressément auxdits Maîtres et compagnons desdits lieux particuliers, ne commettre aucune faute, abus, malversations, ni faussetés, à peine se trouvant le contraire, de l'amende arbitrairement, et d'en être repris par justice comme de faux[1] ».

1. *Dictionnaire de Rogéville*, t. II, p. 201.

Legrand-d'Aussy, dans son *histoire de la vie privée des Français*, a pu étaler, sous les yeux du lecteur ébloui, la vaisselle d'or et d'argent recueillie par Charles VI, dans la succession de son père, d'après l'inventaire général dressé en l'année 1389, mais à defaut des richesses de René d'Anjou, d'Antoine ou de Charles III, on pourra du moins se faire une idée de ce que possédaient nos souverains, par le luxe au milieu duquel vivait un « bailli de Vosges. » Georges African de Bassompierre (1618) d'après l'inventaire dressé à son décès, et dont nous devons les détails aux judicieuses communications de M. Gaspard, notaire à Mirecourt[1]. — Nous en extrayons, bien entendu, les objets principaux, en nous abstenant de parler des pierreries, bijoux et autres articles d'orfévrerie.

« Et premier, une coupe d'or pesant trois marcs, trois onces, quatre tréseaux[2], évaluée à deux cent cinquante deux escus et demy d'or de ducat par les partages de feue madame de Bassompierre.

Une autre coupe d'or du poids de trente pistoles d'Italie.

Une cuillère d'or avec la fourchette du poids de treize pistoles et demye.

Une cuillère de Licorne, le manche d'or pesant deux pistoles trois quarts.

---

1. *Mémoires de la Société d'Archéologie lorraine* 1867, p. 300.

2. Terme d'ancienne métrologie, synonyme de gros : il valait la cent vingt-huitième partie de la livre ou la huitième partie d'une once.

Vaisselle d'argent blanc.

En diverses vaisselles d'argent blanc, tant pour servir
en la chambre, cuisine, somellerie, qu'aultrement, re-
présenté de la part de madite dame et pesé par lesdicts
Granissé et Diey (orfèvres experts, assistant l'officier
instrumentaire) s'en est trouvé sept cent douze marcs,
une onze, cinq tréseaux.

Vermeil doré.

Et en celle de vermeil doré, s'en est trouvé deux cents
marcs quatre onces.

Et aultre une couppe d'argent rebundi doré avec la
coquille à limace et sa couverte, pesant quatre marcs six
onces.

Un vase de christal en forme d'aiguière garny d'argent
vermeil doré pesant cinq marcs y compris le christal.

Un autre christal en formè d'aiguière garny d'argent
rebundi doré pesant deux marcs et une once et demy.

Une croix de cristal, et les deux chandeliers de même
garnis de vermeil doré pesant trois marcs et une once et
demy.

Une bouteille de cristal à mettre l'eau de senteur, d'argent rebundi doré (pour laver les mains avant et après le
repas).

Une coupe de jaspe garny d'argent vermeil doré.

Un cousteau avec la cuillère et la fourchette, les
manehes d'agattes garny d'or esmaillé.... »

Cependant tout cela n'atteint pas le chiffre de la vaisselle du somptueux Ossolinsky, le familier de Stanislas,
dont l'inventaire, déjà mentionné, forme un volumineux
in-folio ; aussi, au lieu d'une transcription textuelle qui

finirait par être fastidieuse, nous contentons-nous d'indiquer les pièces suivantes :

Argent façonné poinçon de Paris, à quarante huit livres de France le marc.

Deux grands plats ovales à contour pesant dix-sept marcs quatre onces deux gros, titre de Paris, faisant 841 livres 10 sous.

Quatre autres plats ovales pesant 24 marcs 4 gros, faisant 1,155 livres.

Six douzaines d'assiettes à contour pesant 180 marcs 7 onces 3 gros, fait huit mille six cents quarante huit livres 5 sous. »

Un panier à fruits pesant 10 marcs 5 onces et demy 513 livres.

Un surtout complet avec sa garniture, argent d'Allemagne pesant 29 marcs, 1 once, estimé 37 livres de France le marc, faisant 1077 livres 12 sous 6 deniers.

Un grand plat de parade ciselé pour le buffet, avec une autruche sur un pied d'estal, le tout argent d'Allemagne damasquiné, pesant ensemble 20 marcs 6 onces 4 gros, 770 liv. 1 sou 3 deniers.

Une grande cafetière en forme de fontaine cannelée, pesant 10 marcs 6 onces, 395 livres 15 sous.

Un plat bassin rond avec son aiguière dorée en partie, pesant 12 marcs 2 onces 6 gros, faisant 456 liv. 14 s. 4 deniers.

Un grand coffre ciselé, où il y a quatre lions pour supports, une figure en ¦dessus etc., 17 marcs 4 onces 4 gros, — 649 liv. 16 s. 3 deniers.

Une bassinoire pesant 9 marcs 6 onces 6 gros au titre de Paris à 50 livres le marc.

Enfin, un pot de chambre doré en dedans, pesan

2 marcs 6 onces 5 gros, faisant 104 livres 12 sous 9 deniers.

Nous passons toute une série de vases, plats, assiettes, aiguières, cafetières, théières, flambeaux, le tout au nombre de plus de 90 objets ou lots d'articles estimés plus de quarante mille livres, somme énorme pour le temps, surtout si l'on tient compte de l'habitude qu'ont les appréciateurs, dans les inventaires, de soumettre leurs chiffres à un rabais de près de 50 0/0 sans égard à la façon.

Les Chinois se contentent de deux baguettes d'ivoire pour prendre leurs repas. Moins habiles qu'eux, nous ne saurions nous passer, à table, d'un couteau, d'une cuillère et d'une fourchette. L'usage de chacun de ces ustensiles aujourd'hui indispensables, remonte à des époques différentes.

« Les Celtes, » dit Possidonius, « mangent fort malproprement, saisissant avec les mains, comme les lions, les membres entiers des viandes et les déchirant à belles dents. S'il se trouve un morceau résistant davantage, ils le coupent avec un petit couteau à gaine, qu'ils portent toujours au côté[1]. » Il n'est pas là question de cuillères ni de fourchettes, et le couteau de si antique origine est au moyen-âge avec l'écuelle, le seul instrument dont se servent les convives. Nous avons vu que l'écuyer tranchant, d'Olivier de Lamarche, servait au duc des morceaux de viande découpés, en les lui présentant avec un couteau.

[1] *Possidonii reliquiæ* Lugd. Batav. 1810, publiées par J. Bake.

Dans les tapisseries du Palais ducal, dont on a donné la description, sur la nappe se trouvent çà et là des couteaux, jamais d'autre ustensile. Apparemment qu'on se servait du couteau pour porter les mets à la bouche, ainsi que font encore les Anglais, qui sont pourvus de couteaux à lame arrondie et très-large par le bout.

Les cuillères parurent ensuite ; dans le repas de Robert de Bar (page 39), on a commandé « XXX paelles d'airain à pranre à Verdun[1] », mais il est évident que c'était pour le service général et que chacun ne pouvait pas encore avoir la sienne. Peu à peu cependant les cuillères se multiplièrent, devant précéder pour long-temps encore la fourchette. L'inventaire de Bassompierre constate que ce dernier ustensile n'est qu'un objet de luxe, mais, dans les richesses d'Ossolinsky, on en trouve quelques douzaines, mêlées aux cuillères d'argent inventoriées en nombre considérable. Il faut en conclure que l'emploi de la fourchette date du xviiie siècle et que les classes peu aisées ne se servirent de cet ustensile que quand les couverts de fer étamé fabriqués à Darney, d'un prix modéré, d'une forme gracieuse et d'un métal poli et brillant, remplacèrent pour toujours les couverts de fer ou de bois incommodes et malpropres, dont les plus pauvres ménages des Vosges se servent encore[2].

Le fer et la fonte, le cuivre et l'airain se présentaient dans l'ancienne batterie de cuisine, à peu près sous les mêmes formes qu'aujourd'hui. Le mobilier culinaire doit un certain nombre d'améliorations et d'additions à la manufacture de fer-blanc de Bains, qui, par la beauté et

1. Journal d'Archéologie, t. VI, p. 79.

2. Charton. *Statistique des Vosges*, p. 1006.

la perfection de ses produits, avait, de bonne heure, mérité les encouragements du souverain.

Les lettres patentes de François III, en date du 18 juin 1755, autorisèrent le sieur Georges Puton, maître de forges à Remiremont, et les sieurs Coster frères et Villiez, banquiers à Nancy, à fonder, sur la rivière du Côné, cette importante manufacture, en la dotant, pour trente années consécutives, d'immunités considérables. Les concessionnaires avaient le droit de prendre, dans les forêts du domaine ducal, tous les bois nécessaires à la construction de leurs bâtiments, leurs moulins et leurs usines ; la franchise du cours d'eau sur la rivière du Côné, le pouvoir d'empêcher la création de toute fabrique du même genre dans le rayon de 2 myriamètres ; l'exemption du droit de la marque des fers sur leurs produits, du droit d'entrée sur les matières premières employées par eux, ainsi que de toutes charges et contributions publiques, non seulement pour eux, mais encore pour leurs ouvriers, la faculté de faire paître leurs bestiaux dans les forêts voisines ; et, pour que la protection du prince fût plus évidente encore, la manufacture reçut plus tard, du roi Stanislas, le titre de *manufacture royale*, qu'elle fit placer avec les armes du souverain, au-dessus de sa principale entrée.

Ces avantages étaient indispensables à cette usine, pour qu'elle pût s'élever et lutter avec succès contre les fabriques de fer-blanc de Nevers, de Massevaux et du Thillot[1], seules fabriques de ce genre alors créées en France. Cependant les premiers temps de son existence

---

1. Cette dernière fabrique, construite dans les Vosges en vertu des lettres patentes du 14 août 1727, ne put se maintenir que quelques années, malgré les concessions qu'elle obtint.

furent difficiles ; elle eut beaucoup de peine à se former
et à se soutenir ; elle se vit même obligée, pour ne point
succomber, de solliciter la prolongation de ses priviléges
pendant 15 nouvelles années, prolongation qui lui fut
accordée. Mais enfin elle surmonta les obstacles qui arrêtaient son développement ; le nombre de ses ouvriers
finit par s'élever à 500 ; ses procédés et ses machines se
perfectionnèrent ; ses produits éprouvèrent de notables
améliorations, et ses fers-blancs, qui, chaque année,
constituaient un poids de 1,000,000 de kilogrammes,
furent recherchés par le commerce et se répandirent en
France, en Suisse et en Italie.

—

Les progrès de l'industrie textile ont, à coup sûr,
changé bien des aspects de la vie privée. Parcourez
les campagnes, vous n'y rencontrerez pas cette gracieuse
jeune fille, la quenouille au côté, gardant ses moutons,
en tournant son fuseau, telle qu'on représente Sainte-
Geneviève ou telle que Boucher s'est plu à peindre
ses bergères de convention. Au lieu de cette occupation,
qui longtemps a été une réalité, un travail sédentaire
absorbe la plupart des villageoises. Le dos voûté, la tête
courbée sur une loque fanée et jaunie, elles font manœu-
vrer leur aiguille avec une ardeur fébrile ; ces femmes
groupées près de la porte de l'étable dont elles respirent
les émanations, ou ce qui est pire, réunies, par le mauvais
temps, dans une pièce sombre, étroite et mal aérée, ce sont
les brodeuses ; elles préfèrent aux travaux salubres des
champs le salaire que leur procure le commerce de la
ville. Ces malheureuses aux yeux rouges, au teint livide,
au corps amaigri ne veulent pas comprendre que les
labeurs de la fenaison, la moisson ou la vendange les

épuisent cent fois moins que la tâche forcée à laquelle
l'entrepreneuse les soumet chaque semaine, en apportant
ses commandes.

Voilà le présent comparé au passé, dans les hameaux
— en ville, trouvera-t-on la même différence ? Laissons
les fantaisies pastorales de Boucher et arrêtons-nous
devant les toiles d'un de ses contemporains qui savait
charmer en faisant du *réalisme*, plus d'un siècle avant
que ce mot ne fut inventé. Les peintures de Chardin
n'appartiennent qu'à quelques privilégiés, mais les gra-
vures de Lepicié et une foule de reproductions ont
vulgarisé ses séduisants tableaux d'intérieur : C'est une
mère laborieuse qui surveille les enfants, en filant sa
quenouille ou en préparant les échevaux dont le tisserand
fera le linge de la famille ! Aujourd'hui, plus de rouet,
plus d'élégant dévidoire, ces meubles indispensables de
la ménagère d'autrefois ; c'est la machine à coudre qui
avec le piano doit occuper le premier plan d'une description familière.

A Dieu ne plaise, qu'en morose *laudator temporis
acti* nous songions à faire de la critique ; la machine
d'Elias Howe est l'œuvre d'un philantrope, sa place est
marquée parmi les plus utiles découvertes du génie de
l'homme ; quant au piano, il peut avoir des charmes,
d'ailleurs, dès qu'il aura fini son temps, il sera délaissé
comme la harpe et la guitare ; nous voulions seulement
rappeler que toutes nos grand-mères filaient, aussi bien à la
ville qu'à la campagne ; il n'est pas étonnant dès lors de
voir couvrir, d'une nappe, la table des plus humbles ménages, dès les temps les plus reculés. La toile était une des
richesses de la maison, non-seulement les grandes
armoires de chêne étaient abondamment pourvues de linge

de corps, de lit et de table, mais la mère de famille avait toujours quelques pièces de toile, fruit de son travail, qu'elle tenait en réserve pour le trousseau de sa fille.

Presque partout on trouvait des tisserands, ils étaient assez nombreux à Nancy et à Lunéville pour former une corporation. Les lettres patentes de la maîtrise de Nancy, datées du 27 mars 1604, contiennent quelques détails bons à rappeler : « Item, les maistres et compagnons estant requis, seront tenus d'aller quérir le fillet ez maisons et là le peser en présence des personnes qui les employeront, et l'ayant transporté en leurs logis, seront tenus de l'ourdir, et estant ourdy, le peser de rechef au mesme poid qu'ilz l'auront déjà pesé. Davantage, après avoir achevé l'ouvrage, lesdits maistres et compagnons seront tenus rendre la toile du mesme poid que le fillet qu'ilz ont reçeu et mesurer aultant d'aulnes qu'ilz en auront ourdy, et icelle peser de nouveau après avoir esté bué une fois, notamment quand le fillet leur a esté livré tout bué, saulf néanmoing à déduire proportionnablement ce de tarre qui pourroit estre advenu tant en la façonnant qu'en la buante ; et en tout cas et où la quantité et le poid deffauldroient, seront à une amande arbitraire selon la grandeur de la faulte qu'ilz y auront commise.

Les tisserands ne paraissent pas avoir fabriqué autre chose que la toile unie, les statuts donnés par Stanislas en 1752, à la corporation de Lunéville, énumèrent et détaillent les travaux imposés à l'apprenti qui sollicite son brevet de maître et il n y est nullement question de linge façonné ou damassé : « Art. 12. Que celui qui voudra être reçu en la dicte maîtrise sera tenu de se présenter aux maîtres et jurés des corps assemblés, lesquels lui indiqueront pour chef d'œuvre les pièces suivantes : la

première, une pièce de toile ouvrée de lames à marches,
que l'on nomme petite Venise de France ; la seconde, de
lames à marches, en deux mille fils, dans sa largeur de
cinq quarts et demi, que l'on nomme cuty ; la troisième,
une pièce de toile à cinq quarts de large et à dix huit
cents fils ; sera en outre tenu de faire, en présence du
maître et des jurés, les outils propres à travailler les
trois pièces, à ourdir et rentraire, sans qu'il n'y manque ni fil, ni lice, ni broche et qu'il n'y en ait ni plus ni
moins, à peine de dix sous d'amende pour chacun fil ou
lice qui se trouvera manquer ou excéder. Et pour chaque
faux pas ou entrebas ou broche vide, ou quatre fils dans
une broche ou fil couru d'un demi-quart de long, aussi
dix sous pour chaque manque ; lesquelles amendes
appartiendront moitié à notre domaine et l'autre moiti
à la confrérie ; et le chef d'œuvre étant admis, l'aspirant
sera reçu dans une assemblée du corps, indiquée par les
maîtres et jurés. »

Ce n'est pas que le service du nappage fut inconnu à
Nancy. Dans la succession de Bassompierre, on put
déployer les plus beaux morceaux en ce genre :

> « Vingt nappes damacées à personnages et autres
> sortes,
> Un paquet de vingt-trois serviettes damacées,
> Une douzaine de serviettes damacées,
> . . . .
> Deux nappes de damasseures par carreaux
> Deux douzaines de serviettes rouges (?),
> Deux pièces de nappes qui ne sont coupées,
> . . . .
> Deux pièces de nappes de damasseure,
> Six nappes nappées de toile de chanvre,

En trois pièces cinquante trois aulnes et demy de
    Lorraine de nappes damacées,

En trois pièces cent trente cinq aulnes de Lorraine de
    serviettes damacées,

Une nappe damacée contenant neuf aulnes..... »[1].

On se rappelle que Chahanay faisait revenir de Champagne le linge de table de la maison du duc Antoine (page 84), c'est qu'en effet Rheims étoit renommé pour la fabrication de ce travail. Tel était le prix attaché aux tissus de ses manufactures que la ville les offrait en dons aux souverains.

Lorsque Charles VII fit son entrée à Rheims, on lui présenta des serviettes à *ramages*. Quand Charles-Quint y passa, en traversant la France, pour se rendre en Flandres, le corps municipal lui fit un présent du même genre, qui fut estimé mille florins.

On prétend que l'art de damasser le linge de table est du xviie siècle, et qu'on le doit à la famille des Graindorge. Le père, dit-on, inventa l'art de tisser, sur la toile, des fleurs et des carreaux ; et, en effet, les serviettes à carreaux portent encore le nom de Graindorge. Richard, son fils, en fit avec des personnages, des animaux et autres figures pareilles : c'est ce qu'on a appelé linge damassé, à cause de la ressemblance qu'il y avait avec le damas blanc. Enfin Michel, fils de Richard, établit plusieurs manufactures de linge damassé ; ce qui ajoutait-on, en rendit l'usage commun dans le Royaume.

—

Dès que le luxe admit dans un même repas un certain nombre de plats différents, comme on ne pouvait les

1. Inventaire déjà cité de M. Gaspard.

servir tous ensemble, et qu'il fallait cependant en dresser plusieurs à la fois, ce fut une nécessité d'imaginer un ordre de service et de régler le rang à observer dans la disposition des mets. Bélon, faisant au xvie siècle l'éloge de la manière somptueuse avec laquelle les tables étaient servies en France, dit : « Pour entrées nous avons mille petits déguisements de chair, comme potages, fricassées, hachis, salades. Le second service est de rôti, de bouilli de diverses viandes tant de boucherie que de gibier. Pour issue de table, choses froides, comme fruictages, laictages et douceurs ; rissoles, petits choux tout chauds petits gâteaux baveux, ratons de fromage, marrons, pommes de Capenda, salades de citrons ou grenades[1] ».

Au xviie siècle, Gontier analyse un tout autre ordre de services ; après avoir déclamé contre le luxe des repas de son temps (1668) il raconte qu'on en est venu à composer jusqu'à huit services successifs. Le *Mercure galant* (janvier 1680) décrit un banquet royal donné à Versailles pour le mariage de Mademoiselle de Blois, fille naturelle de Louis XIV, avec le prince de Conti ; les trois services se composaient de cent soixante plats chacun. Cependant on introduisit bientôt l'usage qui a été conservé jusqu'à nos jours : Louvois recevait la Reine dans le château de Meudon qu'il venait d'acquérir (juillet 1681 *Mercure galant*) et le diner se composa de quatre services, dont le premier de quarante plats d'entrée, le second de quarante de rôtis et de salades, le troisième d'entremets chauds et froids et le dernier de dessert[2].

---

1. Bélon, naturaliste. *Traité des oiseaux*, Paris 1555.

2. Legrand-d'Aussy. *Vie privée des Français*, t, III, p. 337

Franchissons plus d'un siècle et on verra que le Directoire du département de la Meurthe, au milieu des progrès de la Révolution, avait su conserver ce qu'il y avait de bon dans les traditions de l'ancien régime en les accomodant toutefois au goût du jour. Dans un dîner officiel, donné à l'hôtel de ville le 4 juin 1791, la multiplicité des plats contraste avec la simplicité plus correcte adoptée actuellement[1], mais l'ordre des quatre services

1. Voici, pour la comparaison et l'exemple, le menu d'un des repas les mieux ordonnés, dont l'auteur, comme convive, a conservé le souvenir. C'est le banquet offert, le samedi 14 janvier 1865, dans les salons de l'hôtel de France, par le barreau de Nancy à MM. les professeurs de la Faculté de droit de la même ville, à l'occasion du rétablissement de cette Faculté. (Voir le compte rendu de cette fête, dressé par M. Emile Bernard, secrétaire du conseil de l'ordre des avocats de Nancy, broch. in-8°, Nancy, 1865, Collin, imp^r).

RELEVÉS
{ Potage Crécy,
Les turbots à la hollandaise,
Le quartier de sanglier, sauce chasseurs.

—

ENTRÉES
{ Les timbales à la Milanaise,
Les filets madère aux jeunes légumes,
Poulardes à la Chevalière,
Tête de veau tortue,
Perdreaux rouges à la Périgueux.

—

INTERMÈDE. — Punch à la Romaine.

DORMANTS
{ Le saumon de la Loire à la gelée,
Les galantines de poules de bruyères,
Les pâtés de foies d'oies aux truffes,
Les langoustes sauce rémolade.

—

ROTIS
{ Les cuissots de chevreuil, sauce poivrade,
Les dindes du Périgord,
Les faisans d'Ecosse bardés.

—

y est scrupuleusement observé. Le menu avait été
dressé par le sieur Bellon, sur les réquisitions du procureur général Syndic, avec l'approbation unanime de tous
les membres du Directoire. La séance débute par deux
soupes cotées 2 fr. puis viennent seize entrées composées
de 24 plats au nombre desquels on remarque un vol-au-
vent de grenouilles, un second vol-au-vent garni de
légumes, deux plats d'œufs à l'oseille et deux plats
d'œufs à la tripe. Les seize entremets du second service
présentent la série de tous les légumes de la saison, y
compris deux buissons d'écrevisses, une tarte aux gro-
seilles et deux plats de crême ; le troisième service,
quatre plats de rots et deux salades, perches et brochetons
frits ; enfin pour le quatrième service « quarante assiettes
de desserde » cotées 24 livres 5 sous, en tout cent deux
plats[1].

Quel était le nombre des convives et à quelle occasion
s'étaient-ils ainsi réunis ? Neuf tasses de café, vingt-quatre
petits pains, vingt bouteilles de vin ordinaire, huit bouteilles de Bourgogne et deux de Champagne ne laissent
suppos r qu'un couvert assez restreint. Il s'agissait
cependant de souhaiter la bienvenue au nouvel évêque
qui venait, la veille, de faire son entrée à Nancy.

Légumes et entremets

Les cardons à la moelle,		Les haricots verts à l'anglaise,
Les puddings diplomates,		Les gelées de fruits au marasquin.

Les ananas sur pied — Les bombes glacées
Desserts assortis.

Ce menu avait été composé et exécuté par M. Petit, qui en compagnie de son associé M. Hocquard, a été l'auteur toujours habile et
distingué de la plupart des repas de noces et des festins d'importance
donnés à Nancy et dans les environs, depuis bientôt trente ans.

1. Archives de la Meurthe N 1 n° 4 — 90-91.

Monseigneur Lafare, réfugié à Trêves, avait refusé de prêter le serment civique décrété par l'Assemblée nationale le 12 juillet 1790 ; la plus grande partie du clergé lorrain avait suivi son exemple et depuis le 22 janvier 1791, on ne célébrait plus de messe paroissiale à la Cathédrale. M. Chatelain, chanoine du chapitre de Toul, avait été nommé pour son successeur, mais il avait presque aussitôt donné sa démission et le 20 mai on apprit enfin que M. de Lalande acceptait la mitre et la crosse et qu'il se rendrait à Nancy le 3 juin 1791. Un escadron de cavalerie de la garde nationale alla jusqu'à Toul au-devant de lui. Précédées de deux cents hommes, musique en tête, les dames de la Halle montées sur un char orné de guirlandes de fleurs se présentèrent à une lieue de la ville pour complimenter Sa nouvelle Grandeur, et après être arrivé le 3 au soir, l'évêque constitutionnel fut, le lendemain 4, convié par le Directoire et assista au festin à cents plats servi à l'hôtel de ville.

———

La cérémonie des grands couverts et le service tant à l'ordinaire qu'à la Royale (pages 62 et 72) nous ont enseigné par quelles ablutions pré-épulaire et post-épulaires, un repas était précédé et suivi. Laver les mains était d'une absolue nécessité, puisqu'à défaut de cuillères et de fourchettes, il fallait se servir des doigts, et qu'avant d'aborder le dessert il ne pouvait suffire de maculer la serviette ; aussi dans les maisons bien tenues des écuyers ou de jeunes pages présentaient la serviette et le bassin pour verser l'eau aromatisée, et surtout l'eau de rose, sur la main des dames. Cet usage dura jusqu'au commencement du xviiie siècle, c'est-à-dire jusqu'au moment où l'emploi de la cuillère et de la fourchette devint général.

Un vieux livre, qui traite de la politesse, constate que les lavements de mains étaient tombés en désuétude en 1766. On y lit en effet les conseils suivants : « S'il arrive qu'une personne de qualité vous retienne à manger, ne demandez pas à laver, si on ne vous présente le bassin, et ne lavez point avec elle sans un commandement exprès.... Ce n'est plus la coutume, chez les personnes de qualité, de présenter à laver, et ceux qui croient en avoir besoin doivent sortir et se laver hors de l'appartement[1]. »

Cela est en effet plus convenable que de se livrer en société et dans une salle à manger, aux opérations pratiquées ordinairement dans les cabinets de toilette.

Cet ancien usage est-il plus malséant que la mode, introduite par les Anglais, de se rincer la bouche à table ?

Il y a déjà plus de cent ans, le professeur de bienséance, que nous venons de citer, se révoltait à la pensée d'un tel usage : « Il est de l'incivilité de se rincer la bouche après le repas devant les personnes que nous devons respecter. Il n'y a que des gens grossiers et très-impolis qui puissent s'oublier jusqu'à se rincer la bouche à table et à rejeter l'eau ensuite. Ce serait une impertinence de faire quelque chose de semblable devant des personnes à qui on doit le respect, et il est même malhonnête d'en user ainsi entre égaux[2]. »

1. Prévost. — Eléments de politesse, Strasbourg, 1766, p. 82.

2. Prévost. — Loc. cit. p. 95.

Néanmoins, l'usage du rince-bouche s'est conservé, à Nancy, malgré et longtemps après les remontrances du Strasbourgeois. Ancien auditeur au conseil d'Etat, le marquis de Forbin-Janson, devenu évêque de Nancy et de Toul, avait adopté, dans son palais, les belles manières du monde dont il sortait. Toujours le M^e d'hôtel de Sa Grandeur servait le verre d'eau tiède, avant le dessert. Admis à la table de Monseigneur, un brave curé de campagne avait, pendant les trois premiers services, fait preuve du plus vigoureux appétit. Survient le bol et son contenu : voyant ses voisins porter la chose à la bouche, le confiant *rural* avale son verre tout d'un trait. Inutile de décrire les secousses et les angoisses de cet estomac trahi par un déluge écœurant.

Nul invité désormais ne sera plus exposé à pareille aventure, le rince-bouche est prohibé, on a fini par comprendre qu'il était le comble de la malpropreté et le plus malheureux emprunt que nos compatriotes aient pu faire aux mœurs britanniques.

XII

METS NATIONAUX LORRAINS.

—

Géographie du gourmand. — Les chandelles et le guano nancéïens. — Le poisson sec. — Un gastronome. — La quiche et les échaudés de Charles III. — L'illustre Boniface. — Ambroise Régnier et Henrion de Pansey à table. — Les propos du Premier Président et l'andouille du Grand-Juge. — La Corporation des cuisinières. — Christophe Alnot. — Les épinards du Roi de Prusse. — La cuisine et les beaux-arts. — Catherine de Lorraine et les sœurs Macarons.

Certaines villes de Lorraine et Barrois savent tirer honneur et profit des produits préparés par leurs habitants. C'est ainsi qu'on vante les confitures de Bar-le-Duc à l'égal des fromages de Gérardmer ; les nonnettes de Remiremont rivalisent avec les madelaines de Commercy, et les dragées de Verdun, de même que les choux de Pont-à-Mousson[1], se trouvent classées parmi les inventions utiles et agréables au genre humain.

En vain on chercherait le nom de Nancy, dans cette géographie de la gourmandise et si on en croyait le « *Nouveau traité méthodique* de Meissas et Michelot *pour l'enseignement de la Jeunesse, — les chandelles sont les produits les plus renommés de Nancy,* » (page 90). Ceci s'imprimait à Paris en 1854.

Trente années plus tard, les feuilles locales vantaient à satiété un engrais merveilleux découvert dans les environs de l'abattoir. La terre, désormais, allait être régénérée au plus juste prix, et, moyennant vingt francs, un

1. Sorte de pâtisserie dans laquelle il entre beaucoup d'œufs, ce qui lui donne l'apparence d'une cire jaune. — Pont-à-Mousson était renommé aussi pour la manière dont on accommodait le gras-double et les escargots.

Taillevent et Olivier de Serres dont nous avons plusieurs fois rappelé les écrits (Le viandier et le Théâtre d'agriculture), attribuent aux Lorrains l'invention de deux préparations culinaires fort appréciées de leur temps.

Au dire du premier, les grands seigneurs mangeaient les jours maîgres, des *pâtés de Lorraine,* consistant en une farce de poisson, enfermée dans une pâte pétrie au beurre, au sucre et aux œufs. On faisait ensuite frire dans le beurre ces pâtés ainsi dressés. — Les jours gras un hachis de blanc de chapon était substitué à la farce de poisson.

Suivant Olivier de Serres, c'est en Lorraine qu'on usait des meilleurs procédés pour la conservation du beurre. « On le fait fondre, dit-il, ce qui le rend plus délicat, pendant qu'il est sur le feu on l'écume, après quoi, lorsqu'il est devenu clair et blond comme de belle huile d'olive, on le verse dans de grands vases de terre vernissée. »

Dans les Vosges, on signale les ménagères du Val-d'Ajol, pour la manière exquise dont elles savent préparer les *Rama* ou gateau de Noël, c'est-à-dire un pain dans la pâte duquel on introduit, avant de le cuire, des quartiers de noix et des poires sèches. (Richard, *Traditions populaires de la Lorraine,* p. 246.)

hectaie de champs stériles devait être fécondé pour
longtemps. Le précieux produit, appelé *Guano-Nan-
céïen*, devait-il porter au loin le renom de notre ville[1]?
Depuis longtemps déjà, la stéarine a fait fondre la gloire
de nos chandelles[2], et le guano du Pérou, dont le crédit
avait paru un instant ébranlé par le tapage de son jeune
rival, a repris son empire à la quatrième page des jour-
naux.

A un visiteur de bon appétit, Nancy pourtant, a bien
autre chose à offrir que de la chandelle et du guano ; et
si le fameux Guide d'Adolphe Joanne est muet sur ce
point, il faut nous en prendre à nous-mêmes. Quand
nos historiens et nos archéologues ont daigné s'occuper
de l'alimentation lorraine, l'un, en présentant son *poisson sec*, vanta surtout le garum du hareng saur et les
saveurs ineffables de la morue salée[3], l'autre, qualifié
Gastronome lorrain, s'est perdu dans les détails peu
réjouissants d'une sauce au jus de ver de terre, ou bien
il a célébré le fumet d'un faisan avancé[4].

Il est temps de faire cesser de pareils malentendus et
de proclamer, enfin, ces préparations savantes ou délicates qui firent les délices de nos pères et qui sont appe-

1. *Annuaire de la Meurthe*, 1861 et années suivantes ; 26 octobre 1862, *Journal de la Meurthe*, etc.

2. L'application de la stéarine à l'éclairage a été découverte
à Nancy en 1818 par François Simonin, conjointement avec Bra-
connot. A cette époque, tous deux prirent un brevet d'invention qui
est l'acte de naissance de la bougie stéarique.

3. *Le poisson sec*, fantaisie culinaire par P.-G. de Dumast. —
Nancy 1847.

4. *Le dîner d'un gastronome lorrain*, par J.-B. Noël. — Nancy
1852.

lées, encore aujourd'hui, à satisfaire les exigences les plus difficiles.

Dans les comptes de Philippe de Rarécourt, maitre d'hôtel de Charles III, on lit, que le samedi premier jour de mars de l'année 1586, il a été payé 9 gros (1 fr. 35 c.) pour quiches et échaudés servis sur la table du prince qui, ce jour-là, recevait Monseigneur le marquis (Henri, marquis de Pont-à-Mousson)[1].

Cette mention prouve que la quiche et les échaudés[2] ne datent pas d'hier. Laissons de côté l'échaudé, ce gâteau fait pour les estomacs de papier mâché, et ne nous occupons que de la quiche.

Le dictionnaire de l'Académie française ne mentionne pas la quiche, et cependant cette galette appétissante, admise sur la table des ducs et connue dans les derniers hameaux, est, par excellence, le régal national lorrain.

Elle consiste dans une pâte de tarte, mince, ronde, à rebords bas, qui se met au four semée de morceaux de beurre frais et couverte d'un mélange d'œufs et de crème du jour. Il ne faut pas que cette préparation liquide (qui est salée et non sucrée), forme sur la pâte une couche plus épaisse qu'une feuille de carton. Réussie et cuite à point la quiche offre l'aspect d'un beau ciel éclairé par l'aurore et dans lequel çà et là flottent quelques légers nuages au ton fauve et doré.

---

1. *Histoire de Nancy*, par Lionnois, t. I, p. 69.

2. L'échaudé ainsi nommé, parce que, pour faire lever la pâte, on le jette dans l'eau chaude. L'échaudé est cité dans une charte de la cathédrale de Paris de 1202, et Saint-Louis qui avait interdit tout travail aux boulangers les dimanches et jours de fête, leur avait permis de cuire ces jours-là : « Des eschaudés pour les pauvres. »

La quiche est le prélude obligatoire de tout déjeûner lorrain, elle y tient lieu d'huîtres et doit se manger brûlante et arrosée avec du vin blanc.

Remplacer les huîtres ! mais c'est une énormité, sinon un blasphème ! eh bien non ! répondront tous les Lorrains et ils pourraient ajouter avec un des leurs, l'abbé Michel, dans son recueil des expressions usitées en Lorraine : « MM^{rs} les Parisiens adopteraient bien vite le mot, s'ils avaient le bonheur de connaître la chose[1]. »

Après la quiche, l'andouille doit être signalée au touriste désireux d'explorer nos curiosités gastronomiques.

Dans un précédent chapitre, nous avons signalé l'arrivée à Nancy de Barthelomé de Cerizelli, lequel fit école pour la préparation des cervelas (page 87).

Plus de deux siècles après l'apparition du vieux maître, les charcutiers lorrains, pendant la Révolution, surent conserver et maintenir les saines traditions, au milieu de l'effondrement de l'ancien régime.

Habile entre tous, Boniface Ruch confectionnait, sous le nom d'andouille, un produit délicat que d'impudents contrefacteurs cherchèrent à imiter et dont ils étalèrent les pâles copies, chez les marchands de comestibles de Paris, en les décorant de l'étiquette de *boudins blancs de Nancy*.

Fade et écœurante, cette dernière préparation ne pouvait tromper que des palais vulgaires, des estomacs inconscients. Entre le boudin blanc et la véritable andouille, il y a toute la distance, qui sépare le sifflement du merle, d'avec le chant du rossignol et jamais les vrais

---

1. *Dictionnaire des expressions usitées en Lorraine*, par **J.-F.** Michel. — **Nancy 1807.**

connaisseurs ne s'y sont laissé prendre. L'andouille n'est ni un boudin, ni une saucisse ; elle ne contient ni sang concentré, ni chair hachée, c'est un judicieux assortiment des tissus empruntés, à cette partie mystérieuse de l'appareil digestif du cochon, que les zoologistes nomment le cloaque, là où la bête emmagasine et mûrit ses parfums. Le tout coupé par bandes menues est entonné dans un boyau spécial, large d'un bout, rétréci de l'autre.

A l'état froid et sortant des mains de son créateur, l'*andouille de Nancy* n'offre au regard, rien d'affriolant, sa forme aplatie, sa couleur blanchâtre et livide ont un aspect morbide et triste, on dirait une grande larme figée sortie de l'œil d'un géant ; mais quand elle a passé par le feu, la transformation est complète : elle prend des tons chauds et brillants, en même temps qu'elle arrondit ses flancs d'où transsudent des sucs odorants. C'est alors que la fourchette se dresse, les lèvres s'empourprent et les étincelles jaillissent des yeux du consommateur dévoré par l'ardeur du désir[1].

Un gourmand célèbre, une des gloires de la magistrature lorraine, parvenu au faîte des grandeurs, regrettait souvent, au milieu des festins officiels, les andouilles de son pays. L'histoire raconte qu'Ambroise Régnier duc de Massa-Carrara , faisait revenir de Nancy, toutes les semaines et par un courrier spécial, une andouille fine-

---

1. Qu'il nous soit permis de signaler ici la modeste boutique d'un ancien élève de Boniface Ruch, le Sr Chrétien, rue de la Poissonnerie, n° 16. La charcuterie peut, ailleurs, présenter de plus somptueux étalages, mais nulle part, un gourmand ne trouvera des andouilles plus consciencieusement, plus finement et plus savamment préparées, dignes, en un mot, de l'ancien garde des sceaux et de ses illustres convives.

ment préparée pour sa table. Le Grand Juge alors conviait, dans une réception intime, les plus savants professeurs capables d'apprécier le garum du produit nancéien et de méditer sur ses saveurs de haut goût. Parmi ces convives privilégiés, se trouvait le plus grand des conseillers de la Cour de cassation, celui qu'on nommait habituellement son tambour-major, l'incomparable Brillat-Savarin[1]; puis venait une autre illustration de nos pays, le garde des sceaux de France, le Premier Président Henrion de Pansey, celui qui, dans un moment d'extase, s'écria un jour avec l'accent d'une conviction profonde :

« Je regarde la découverte d'un mets nouveau, qui soutient notre appétit et prolonge nos jouissances, comme un événement bien plus intéressant pour le bonheur du genre humain que la découverte d'une étoile ; on en voit toujours assez. »

Et comme le spirituel vieillard avait pour voisins de table Laplace et Berthollet, il ajouta, en s'adressant à eux : « Je ne regarderai point les sciences comme suffisamment honorées, ni comme convenablement représentées, tant que je ne verrai pas un cuisinier siéger à la première classe de l'Institut[2]. »

Le succès de l'andouille grandissait de jour en jour, et le fournisseur de Régnier voyait naître, autour de lui, de nombreux concurrents. Pour affirmer la supériorité de

1. Brillat-Savarin offrait une des rares exceptions à la règle qui destitue de toutes hautes facultés intellectuelles les gens de haute taille. Quoique de stature colossale, il était grand homme d'esprit.

2. *Physiologie du goût*, par Brillat-Savarin. — Variétés, § XXV.

ses produits et constater la préférence glorieuse dont ils étaient honorés, l'ingénieux charcutier fit peindre sur son enseigne un boyau colossal sous lequel on lisait :

A l'andouille du grand Juge.

Cette inscription triomphante ne réjouit pas longtemps les écoliers et les badauds qui flânaient dans la rue Saint-Georges[1]. Nommé ministre d'État en 1815, Régnier mourut en 1814, et à la Restauration, la police, par un excès de susceptibilité, fit effacer la réclame du charcutier, comme entretenant trop effrontément les souvenirs de l'Empire déchu.

Si, conformément à ses vœux, Henrion de Pansey avait pu ouvrir les portes de l'Institut à un représentant de l'art culinaire, il aurait, sans hésiter, donné sa voix à un enfant de Nancy, à un praticien hors ligne, un véritable Vatel lorrain.

Comparé aux autres cuisiniers et aux meilleurs cordons-bleus, Alnot était ce qu'un membre de l'Académie française est à un magister de village.

Né à Nancy en 1778, Christophe Alnot était l'héritier des pures traditions de la table ; son père, Augustin, avait successivement dirigé avec distinction les fourneaux de la cuisine de Stanislas, et plus tard ceux du château du comte de Girecourt ; à ces deux titres de gloire, il faut en ajouter un troisième : le père d'Alnot était en outre *député de la corporation des cuisinières.* Ceci pourrait passer pour une plaisanterie, mais on saura que la manie de la maîtrise, favorisée d'ailleurs par le fisc qui y

1. Dans l'espace compris entre la rue des Dominicains et la rue Saint-Julien.

trouvait son compte, avait envahi toutes les professions. — Depuis longtemps, il y avait une corporation des rôtisseurs et une maîtrise des pâtissiers, cela ne suffit pas. Un édit du mois de mai 1779 avait créé, à Nancy, une corporation des cuisinières et cuisiniers affiliés aux aubergistes et cabaretiers. Personne ne pouvait faire le café ou dresser des soupes, pour le public, sans avoir créé un chef-d'œuvre et obtenu son admission dans la communauté. Les dignitaires de la corporation se composaient de deux syndics, deux adjoints et dix députés, obligés de se réunir le vendredi de chaque semaine à trois heures de relevée, chez le premier syndic, pour délibérer sur les affaires de la compagnie. Comme dans l'ordre des avocats, ou la compagnie des notaires, on imprimait tous les ans un tableau contenant les noms, prénoms et date de réception des cuisinières. Le tableau dressé en 1789 et conservé à la bibliothèque publique[1], nous apprend que la corporation de Nancy se composait de 20 cuisinières et que Augustin était un de leurs députés. — Mais revenons à Christophe Alnot. Adoptant, dans l'exercice de son métier, un ordre de sentiments et de facultés que d'ordinaire on n'applique qu'aux beaux-arts, il savait en même temps flatter les yeux et le palais. La recherche des harmonies dans la gamme de saveurs n'était qu'une partie de son art et le dessinateur se révélait aux formes gracieuses qu'il savait donner à ses produits ; le coloriste se montrait aussi au ton général de teinte dont il savait les revêtir. Sous ce dernier rapport surtout, il atteignit des résultats surprenants. L'aspect

---

1. *Tableau contenant par ordre d'ancienneté* les noms des maîtres qui composent la communauté des cuisiniers. — Nancy 1789, broch. de 16 pages.

doré, joyeux, rayonnant, d'une table servie par lui, ne permettait pas un seul instant de la confondre avec une autre ; il semblait enfin disposer de la clarté du soleil pour illuminer ses œuvres.

Telle fut, pendant trente années, la célébrité dont il jouissait auprès des amateurs de bonne chère, qu'il attirait à Nancy des curieux venant de soixante lieues à la ronde pour y manger sa cuisine.

En 1817, Nicolas Pawlowitch, le futur empereur de toutes les Russies, épousait la princesse Charlotte, fille ainée du roi de Prusse Frédéric Guillaume III. Alnot fut mandé à la cour de Berlin, et c'est à son talent renommé que furent confiés la direction et les apprêts du banquet nuptial.

Frédéric raffolait surtout d'un certain plat d'épinards composé par notre compatriote et dont la tradition nous a conservé la précieuse recette. Il fallait plusieurs jours pour conduire à bien ce mets princier. De jeunes épinards blanchis, égoutés et serrés en pelotte étaient cuits d'abord avec un jus de viande de veau ; le lendemain nouvelle cuisson avec jus de cochon ou de jambon. Le troisième jour troisième cuisson au jus de volaille ou de gibier. Après la dernière préparation, lorsqu'il était question de servir, le professeur mettait seulement le beurre frais et au moment de dresser, le sel, de manière qu'il ne fut pas fondu sur la table.

Alnot jouissait à Nancy d'une grande considération, méritée par son caractère autant que par ses talents. Honnête homme et bon citoyen, il avait le désintéressement d'un véritable artiste, poursuivant, parmi ses travaux, l'idéal seul, sacrifiant tout pour y arriver et ne songeant aucunement à la fortune.

En 1840, Alnot avait dépassé la soixantaine et les

fonctions de conservateur du Musée de Nancy devenaient vacantes par la mort du second fils de Claudot.

L'administration municipale n'hésita pas à offrir la place de conservateur à l'excellent Alnot et personne ne s'en étonna, car on savait que, peintre de naissance, il joignait à ses talents, le goût exquis du plus fin connaisseur, le tact et le discernement du plus savant amateur de tableaux.

En dehors de ses fourneaux, Alnot n'avait-il pas vécu au milieu de nos artistes les plus distingués, n'avait-il pas entretenu avec eux un commerce envié par le vulgaire et qui attestait la haute estime qu'on professait pour lui? Les Isabey, les Ciceri étaient ses amis intimes, le célèbre miniaturiste Larue dit Mansion conserva, avec lui, pendant toute sa vie, des relations nouées dès l'enfance et peignit ce remarquable portrait d'Alnot, qui est un des joyaux de notre musée municipal[1].

Enfin, l'inimitable Grandville offrit au nouveau conservateur, comme un gage de son affection, un curieux dessin composé exprès pour lui et dans lequel il le fait figurer au milieu de plusieurs contemporains, notamment MM. Mandel, Beaupré, Cayon et autres personnages bien connus à Nancy, mais tous morts aujourd'hui.

Ces derniers avaient l'habitude de se promener sur la place Mengin, les jours de marché, et d'y discuter des questions panachées de politique et de bric-à-brac. — On les désignait plaisamment dans le quartier sous le nom de *Chambre des députés*[2].

---

1. N° 227 du Catalogue actuel du Musée de Nancy.

2. Cette charge piquante a été léguée par Alnot à M. Gillet, conseiller à la Cour. — Héritier de ce dernier, M. Chassignet, par l'intermédiaire de Leguay, a cédé, à M. J.-B. Thiéry, ce dessin qui compte parmi les originalités de sa collection lorraine.

L'habile cuisinier comptait, en outre, des amis parmi les savants et tous les gens du meilleur monde, en tête desquels il pouvait inscrire le nom du général Drouot.

Alnot mourut à Nancy, le 18 janvier 1848, à l'âge de 70 ans.

Un de ses élèves les plus distingués, devenu chef, dans le premier hôtel de Nancy[1], M. Joseph Rouyer, qui savait à la fois manier la plume et l'écumoire, composa et récita sur la tombe de son maître, les adieux suivants :

à Christophe Alnot

« Demi-Dieu qu'encensait le Lucullus moderne,
Amphitrion des Rois, il fut leur souverain.
Son émule, toujours devant lui se prosterne ;
Son nom est estimé de tout savant lorrain,
Car d'un fécond génie illustrant la nature,
Il créait des chefs-d'œuvre en l'art qu'il agrandit.
Artiste studieux, il sut, dans la peinture,
Acquérir le renom d'un talent érudit.
Ah ! si de ses travaux le seul souvenir nous reste,
Une gloire plus grande immortalise Alnot :
Ame honnête, esprit fin, bon cœur, homme modeste,
Il fut l'ami du sage et vertueux *Drouot*. »

Hâtons-nous d'arriver au dessert. Le lecteur fatigué pourrait nous quitter avant d'avoir connu notre suprême friandise, le Roi du petit-four, le Macaron des Dames-du-Saint-Sacrement.

Au bon vin, pas d'enseigne. Ce proverbe fort usité en Lorraine, n'a jamais reçu une application plus vraie

---

1. Hôtel de France alors tenu par Montfort.

qu'à l'occasion du laboratoire d'où s'échappent les déli-
cieux macarons pour enrichir toute table bien servie.
Pas une affiche, pas une annonce, jamais la moindre
réclame n'a sollicité le consommateur, en faveur de cette
fine pâtisserie qui affecte la forme arrondie et légèrement
bombée d'un mamelon de nonnain. Et cependant tout
Nancy, le Nancy qui a des papilles et des suçoirs pour
savoir bien déguster, vient dans une rue étroite, peu
fréquentée, à une extrémité de la ville, enlever chaque
jour la fournée de macarons qui ne peut suffire aux
demandes.

Le vrai macaron dédaigne l'affiche et la réclame, mais
plus d'une fois des gens de goût se sont occupés de lui.
Un jour le joyeux *Figaro* consacra quelques mots à la
friandise de Nancy et comme il s'agit, non pas d'un
éloge de commande, mais de l'élan d'un palais enchanté,
nous n'hésiterons pas à rappeler cette agréable boutade
de Charles Monselet. Le journaliste revient de Baden-
Baden, c'est en 1863, à l'époque où la *Gentry* française
se donnait rendez-vous dans cette ville de plaisir ; l'écrivain populaire, après avoir traversé Strasbourg, s'arrête
à Nancy et raconte ainsi ses impressions de voyage[1] :

« Il y a plus de dix ans que je désirais voir cette »
jolie ville, devant laquelle je suis passé dix fois en chemin de fer. — Nancy est bien telle que je la connaissais
sans l'avoir vue, une succursale de Versailles et de Trianon, avec des arcs de triomphe à toutes ses extrémités,
des colonnades et des balustrades à n'en plus finir, des
amours et des pots de fleurs sculptés sur tous les édi-
fices, sur l'hôtel de ville, sur le cercle, sur l'évêché ; de

1. *Figaro,* n° 901 du dimanche 4 octobre 1863.

monumentales grilles dorées du serrurier Jean Lamour,
— le même à qui l'on doit la grille du Château-des-
Fleurs, appartenant au parc Beaujon. — Nancy n'a rien
perdu de sa physionomie du xviiie siècle.....

Tenez-vous considérablement à ce que je vous intro-
duise dans les « principaux établissements publics ?...
Vous préférez, je gage, quelque chose de plus personnel.
Alors suivez-moi dans la rue de la Hache, une rue tran-
quille entre toutes ; — arrêtons-nous devant cette maison
reconnaissable aux énormes barreaux qui défendent ses
fenêtres du rez-de-chaussée. Au-dessus de la porte,
on lit :

LES SOEURS MACARONS.

Comme vous le pensez bien, il y a une légende là-
dessous. On ne s'appelle pas impunément Calepin,
Quinquet ou Macaron. La légende des sœurs Macarons
remonte à la première Révolution, lors de la dispersion
des ordres monastiques. A cette époque, quelques religieuses effarées trouvèrent un asile dans une maison
bourgeoise de la rue de la Hache, où, pour payer leur
hospitalité, elles se livrèrent avec frénésie à la confection
d'innocents et succulents macarons, dont la renommée
se répandit bientôt dans tout Nancy et au-delà. On
commença à parler des macarons des sœurs, et petit à
petit, sans intention railleuse, la désignation de *Sœurs
Macarons* resta à ces pauvres filles. Après leur mort,
des personnes inconsolables continuèrent leur commerce:
je leur devais et je devais à moi-même ce pieux pèleri-
nage. Ma conscience est à présent en repos. Les macarons
de la rue de la Hache, sont toujours, au dire des gourmets, aussi bons que par le passé. Ils sont d'une belle

largeur, d'un grain doré, s'attachent délicieusement aux dents et veulent être mangés frais. »

Nous complèterons le récit de Monselet par des notes puisées aux sources avec la précision et la gravité qui conviennent à l'importance de ce sujet.

Le berceau du macaron, ou plutôt le lieu où le premier macaron a vu le jour est situé à Nancy, sur un vaste terrain désigné par l'abbé Lionnois *carré des dames du Saint-Sacrement*, c'est-à-dire l'espace compris entre les rues Saint-Nicolas, de la Hache, Saint-Dizier et la rue de Grève. Le monastère des dames du Saint-Sacrement avait été fondé, dans cet endroit, par une des filles de Charles III, Catherine de Lorraine, devenue plus tard abbesse de Remiremont. Le consciencieux historien de Nancy raconte que la princesse « parfaitement bien faite de corps et d'esprit [1], d'un courage mâle, d'une grandeur d'âme et d'une intrépidité au-dessus de son sexe » était d'une santé délicate « La faiblesse de son estomac était si grande, qu'elle ne pouvait pas même user de viandes tant soit peu grossières ; elle prenait deux œufs frais au milieu de son dîner avec des poudres digestives, jamais de fruits cruds ni de confitures » Cette circonstance, sans doute, détermina les pieuses compagnes de Catherine à composer,

---

1. On peut voir son portrait authentique dans un grand tableau généralement attribué à Bellange, mais qui est dû au pinceau de Jean de Vayembourg (les Peintres lorrains par M. Lepage, bulletin d'archéologie, t. IV) ; ce tableau, connu sous le nom de *l'Assomption des Minimes,* est placé dans la seconde chapelle latérale à droite, de la Cathédrale de Nancy. — Catherine, dans son costume d'abbesse de Remiremont, est agenouillée près de sa mère Claude de France, et derrière elle se pressent ses sœurs qu'on nommait *les plus belles blondes de l'univers.*

dans les loisirs de la prière, un aliment d'une digestion facile et agréable, dont le blanc d'œuf ferait la base ; elles y ajoutèrent du sucre en poudre et des amandes pilées dans des proportions dont elles seules eurent la révélation et conservèrent précieusement le secret. Toujours est-il qu'à la Révolution française, lorsque l'Assemblée législative eut décrété, le 5 avril 1792, la suppression de toutes les congrégations religieuses, deux pauvres sœurs du Saint-Sacrement trouvèrent un refuge dans une maison du voisinage, chez la dame Gormand, alors propriétaire de l'immeuble sis à Nancy, rue de la Hache, n° 10, non loin du monastère abandonné. La sœur Suzanne et la sœur Elisabeth, n'avaient rien pu sauver du naufrage, elles étaient sans ressources et ne voulaient point rester inactives, à la charge de leur bienfaitrice. Dépositaires fidèles des recettes de la communauté, elles se mirent à fabriquer la divine friandise, qui avait fait les délices de leur fondatrice. La dent des révolutionnaires croqua sans scrupule le macaron sacré ; on y prit goût, même sous le régime de la Terreur, et nul ne songea à tourmenter des *béguines* qui savaient si bien faire les choses.

La réputation du macaron grandit à mesure que les religieuses avançaient en âge et que leurs forces diminuaient ; il leur devenait impossible de satisfaire aux besoins de la consommation. Elles étaient cependant résolues à ne point divulguer un secret qui les faisait vivre, elles et leur bienfaitrice. La mort enleva sœur Suzanne à sa compagne. La vieille Elisabeth se vit forcée alors d'appeler, près d'elle, sa nièce Elisabeth Marchal, mariée depuis peu à un honnête cultivateur de Savigny (près Charmes) nommé Nicolas Muller. Le jeune ménage eut l'heureuse idée de ne pas hésiter ; le petit train de culture fut vendu et Muller abandonna la charrue, pour se livrer à la culture intensive du précieux macaron. Bien lui en prit : le refuge des pauvres persécutées devint le siège d'un commerce prospère et les époux Muller, après avoir fermé les yeux à leur bonne tante Elisabeth, purent, un jour, acheter la maison de la rue de la Hache comprise dans la succession de la veuve Gormand.

Plus d'un demi siècle s'est écoulé depuis cette époque et le vrai macaron des sœurs est resté, sans interruption, le privilége et le monopole de la dynastie des Muller. C'est madame Vagner, née élisabeth Muller, arrière petite nièce de la religieuse du Saint-Sacrement, qui possède aujourd'hui le secret et le laboratoire de ses ancêtres, où elle continue à fabriquer elle-même, et hors la présence d'aucun profane, l'entremets favori et sans rival de la fille de Charles III.

Autrefois avocat à Colmar et actuellement l'une des plus brillantes recrues du barreau de Nancy et de l'Académie de Stanislas, M. Charles Gérard a publié, en 1862, un ouvrage intitulé l'*Ancienne Alsace à table*. Nous pensions à ce livre, en exprimant, en tête de ce chapitre, le regret que les Lotharingistes n'aient pas encore écrit une histoire spéciale des mœurs épulaires de nos ancêtres. L'œuvre de M. Gérard est un tableau vif, animé, quelquefois instructif et toujours intéressant de la vie alsacienne. L'auteur assaisonne son travail d'anecdotes piquantes, de curieuses histoires, de réflexions humoristiques, de détails commerciaux ou industriels, d'observations morales et philosophiques qui gagnent une saveur particulière, par le contraste de quelques recettes culinaires, comme en donne Brillat-Savarin, et c'est avec une bonhomie pleine d'esprit et de délicatesse que, suivant son expression, il va « indiscrétement découvrir un à un, les pots de l'ancienne cuisine alsacienne, analyser les ragoûts de ses arrières grand-mères et mettre les doigts dans les plats du temps passé. »

A ceux qui seraient tentés de répondre à nos *desiderata,* nous devions signaler la création littéraire si charmante et si originale de notre nouveau concitoyen. — En réunissant ici quelques articles déjà admis dans le journal de la Société d'archéologie, articles dont l'unique intérêt est dû aux bienveillantes communications du savant archiviste de la Meurthe, M. Henri Lepage, nous n'avons jamais eu la prétention de suivre, même de loin, l'exemple de M. Gérard. En qualité de collectionneur, nous n'avions d'autre but que de classer « *pour ceste science de gueule,* » comme l'appelle Montaigne, un certain nombre de notes, de souvenirs personnels et de documents inédits auxquels nous nous sommes borné à « *fournir le filet et les liens.* »

TABLE DES MATIÈRES.

Nancy, imp. G. Crépin-Leblond, Grande-Rue (V.-V.), 14.